献给可爱的中学生物教师们

上课

用科学解释促进学习

张超 等◎著

经济日报出版社

图书在版编目（CIP）数据

上课：用科学解释促进学习 / 张超等著. -- 北京：经济日报出版社，2022.5

ISBN 978-7-5196-1079-1

Ⅰ. ①上… Ⅱ. ①张… Ⅲ. ①生物课-课堂教学-教学研究-高中 Ⅳ. ①G633.912

中国版本图书馆 CIP 数据核字（2022）第 070972 号

上课：用科学解释促进学习

作　　者	张　超等
责任编辑	胡子清
助理编辑	姜　楠
责任校对	张　政　温　海
出版发行	经济日报出版社
地　　址	北京市西城区白纸坊东街 2 号 A 座综合楼 710（邮政编码：100054）
电　　话	010-63567684（总编室）
	010-63584556（财经编辑部）
	010-63567687（企业与企业家史编辑部）
	010-63567683（经济与管理学术编辑部）
	010-63538621　63567692（发行部）
网　　址	www.edpbook.com.cn
E-mail	edpbook@126.com
经　　销	全国新华书店
印　　刷	北京建宏印刷有限公司
开　　本	710 mm×1000 mm　1/16
印　　张	7.75
字　　数	141 千字
版　　次	2022 年 5 月第 1 版
印　　次	2022 年 5 月第 1 次印刷
书　　号	ISBN 978-7-5196-1079-1
定　　价	49.80 元

前　言

课程改革促使课堂更加关注学生的学习，更加关注学生的深度学习，更加关注学生高阶思维能力的提高，更加关注学生核心素养的提升。从生物学科教学的角度出发，以上的一切都需要教师运用更加有效的方式（如以“真实问题解决”的模式）通过“生物学核心概念”的科学解释组织、创生课堂。

生物学的核心概念是构建生物学学科体系的基础，在教学与学习中充分理解核心概念的前提、定义域范围、内涵、外延对高阶思维的形成及科学素养的提升具有重要价值，因此，在教学中对生物学核心概念进行科学解释至关重要。“科学解释”作为科学哲学中的重要概念，其对指导生物学核心概念的教学具有非凡意义。

教师利用课堂中的组织、引领帮助学生对生物学中的核心概念进行科学解释进而助力学生理解生物学整体知识体系的结构；教师利用课堂中的设问、论证促进学生对“真实问题”的深度思考进而帮助学生迁移重构自己脑中的逻辑模式（模型）；教师利用课堂中的纠错、示范助力学生反思自己的元认知水平进而促进学生高阶思维能力、综合学习能力、核心科学素养等的全面提升。这个过程的着力点都是在“上课”的课堂上，这个过程既是技术，又是艺术，更是情怀。

本书的作者是常年战斗在高中生物学教学一线的老师们，他们的思考与实践不但有与时俱进的理论基础，更有丰富无比的“上课”经验，最为重要的是，这些作者都是热爱生命、热爱生命科学，对生活、学问、课堂均抱有极大热情的老师，相信书中的文字不但对老师们的教学有启发，更对生物学的学习者大有裨益。

本书的内容既是对老师们在日常教学中对高中生物学核心概念科学解释经验的收集与记录，更是对“真实问题解决模式”运用于课堂教学有效性的验证。书中以“深度学习理论”“问题式学习（PBL）理论”“基于论证的真实性思维（ATA）模型”“有益性失败（PF）理论”等多种基于真实问题解决的教学模式理论为基础，通过课例分析的方式对相关高中生物学核心概念的科学解释做了更为直观的解读。

闲言少叙，现在，请大家静下心来，开始跟着老师们“上课”吧……

目　录
CONTENTS

第一章

从“解释”到“科学解释”，培养学习者的思维能力

师者，所以传道授业解惑也。其实，无论是传道、授业还是解惑，都离不开两个基本的行为——解释和理解。师者希望通过解释将道、业传授给学习者，也希望通过解释对学习者进行释疑；而作为学习者，则希望能够通过师者的解释获得思维的改善，进而理解道与业的门道、进而去除惑的疑虑。

师者的解释与学习者通过思维改善获得的理解相辅相成，构建成为一种完善、互动、动态发展的系统关系，这个系统关系的本源来自于人类的大脑。最新的脑科学研究成果告诉我们，人的大脑具有终身发展的能力，通过外源信息的创建、规范，大脑的结构和功能可以持续改善。这一点给了教育者和学习者无限的信心：教育者的解释过程为学习者提供了信息来源，促使学习者大脑结构得以改善进而促进学习者思维能力的提升，这个过程为学习者的理解提供了重要保障；教育者通过解释促进学习者理解的同时，也为自身大脑的改善提供了动力源泉，在教学相长中，教育者的解释过程会向着更高效、更理性的科学解释完善。

师者的解释与学习者的理解都是通过人类大脑的持续改善达成的，这成为了本书一个非常重要的构思基础，我们希望运用脑科学的研究成果指导高中生物学核心概念教学中的科学解释，以期运用更加科学的方式传道、授业、解惑，促进学习者大脑的再发育、促使其思维得到改善，更好地理解科学概念，培养科学思维，提高科学素养。

➢ 脑科学研究对教育与教学的启示

脑科学研究方兴未艾，分支众多，对于“脑科学与学习、教育的研究”更是热点中的热点，本书并非脑科学研究的专门论著，所以在此仅择取对教育、教学有所启示的研究成果稍作讨论。

脑科学研究表明，世界上所有正常人脑中的神经元数量并没有太多差异（人脑中大约含有 1000 亿个神经元，其中大脑皮层约有 140 亿 ~160 亿个神经元），不同人之间的差异主要来自神经元之间“链接”的数量和秩序。

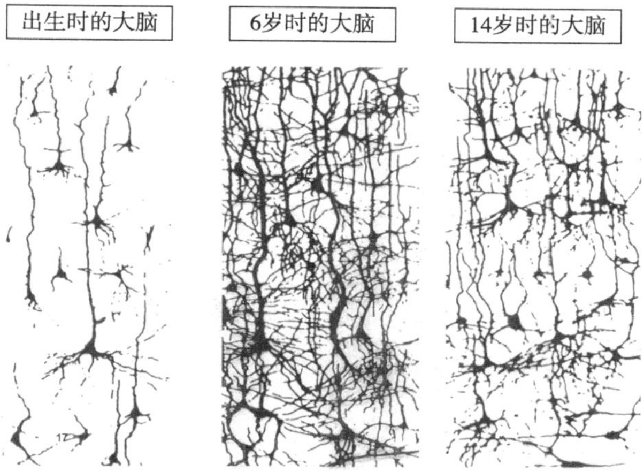

图片来源：https：//www.jianshu.com/p/f51670fc8909

从上图中我们不难看出，人在成长发育过程中，脑中的“链接”经历了“先增多再减少”“从无序到有序”的过程。换句话说，人类各种能力的发展过程从脑科学的角度可以理解为“有效链接的建立过程”，其有效性的核心是“链接”的数量和秩序。数量和秩序是一对相互矛盾制约的因素（数量越多，秩序越容易乱），它们的平衡才是决定人类各种能力的关键所在。

将这个脑科学的研究成果用于教育与教学，我们可以得到以下启示：

1. 学习者能力的不断发展是有其结构基础的，需要给予学习者足够的耐心，让其慢慢建立起适合自己的有效“链接”。教育教学过程最不需要的就是急躁。

2. 学习者的能力发展路径都会有其自身的特点，学习过程中完全没有必要进行无谓的比较，更不能“一刀切”地要求每一个学习者同时、同地达成一致。每一个人都是独特的存在（基因、环境、前期脑中有效链接建立基础的不同造成了这种独特），且同年龄的个体一定会存在自己不同的优势和劣势，因为任何一个人脑中有效链接的建立都是需要时间的，有些人将时间花在了 A 处链接的建立，而没有将时间分配给 B 处，那么其 A 处所指向的能力就会有优势，而 B 处所指向的能力就会不足；反过来，有些人将时间花在了 B 处链接的建立，而没有将时间分配给 A 处，那么其 B 处所指向的能力就会有优势，而 A 处所指向的能力就会不足。每一个人所展现出来的即时能力优势都是通过曾经的链接建立“成本”造就的。理解了这一点，可以促使教育者以平等的、发展的眼光来看待学习者：每一个学习者所展现的即时状态都是一过性的、都是不断发展中的一个小阶段，假以时日，待学习者脑中的有效“链接”建立得更加全面完善，更加多元有序时，其自然而然地也就成长和发展了，这个过程可以持续一生，完全不必要纠结于一时一刻。如果能够以这样的心态认识学习者，教育者也就不会焦虑和狂躁了，教育者会平和地为学习者提供多样的资源和充分的信任，帮助其有目的地建立有效“链接”，带着期待和欣赏陪伴着学习者慢慢成长。

3. 为学习者创设多样的适合其大脑建立有效链接的环境至关重要。神经元之间有效链接的建立是以“突触”结构为基础的，突触结构的数量、有序性、连接强度等都是“有效性”的重要保障，有证据表明，外界环境的刺激及有意识地反复练习都有助于突触结构的建立，这个结论为教育与教学的有效实施提供了新的方向和理论基础。从脑科学的角度认识教育和教学过程，其本质可以被看作：有目的地为学习者提供环境刺激，促使学习者在相应环境中通过反复练习达成在脑中建立有效突触链接的过程。脑科学研究表明，这种学习过程中有效链接的建立是需要多脑区共同协同的，这也是教育者在教育教学过程中为什么要为学习者提供“全面多样教育资源”的原因所在。

➢ 基于脑科学的研究，促进从“解释”到“科学解释”，培养学习者的思维能力

脑科学研究证明了学习者的思维能力是可以通过教与学的互动过程促进的，这让我们明确了教学设计的价值所在。尤其是在科学教育实践中，教师通过解释帮助学生理解概念、规律和原理，学生通过解释来建构、展现和增进理解，这样的持续互动，不但可以帮助学生进行知识积累，更有助于促进学生科学思维的进步，使得学生在思维能力不断进阶发展的同时，整体科学素养也得到提升。

有些研究者将科学课堂中的解释行为分为三类：科学解释、科学教学解释和初浅解释。学习者（尤其是儿童学习者）刚进入科学课堂时，基于其生活经验尝试建构的解释称为“初浅解释”；教师在课堂上中为说明现象、概念和规律等而建构的解释称为“科学教学解释”；而“科学解释”，可以理解为根据科学理论和证据厘清事物之间的联系、解构事件的发生机制的活动。很显然，相比于“初浅解释”和“科学教学解释”，只有真正达到“科学解释”

的层次，教师才能更好地培养学生的沟通技能，帮助学生理解科学概念、规律和原理，学生才能在这个过程中真正提高交流能力，建构、展现和增进科学理解。

基于对初浅解释、科学教学解释和科学解释的分类，反思我们自己的课堂，可以看到，我们最常见的科学课堂形式是，在误堂上通过教师的科学教学解释的范例作用，实现如下图所示的发展过程，即科学教学解释促进学习者在初浅解释的基础上有所发展，有助于学习者逐渐掌握构建科学解释的能力。

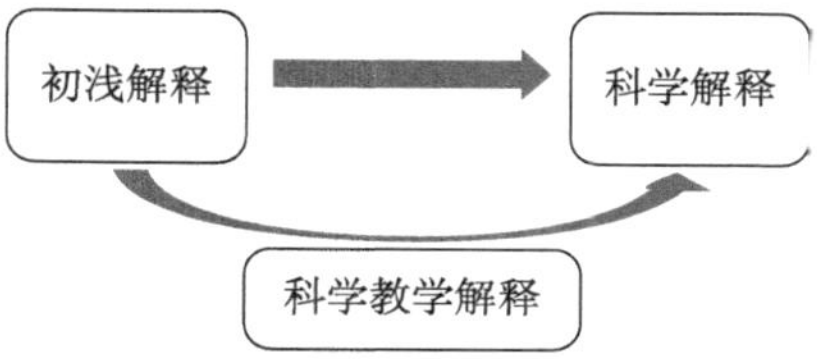

仅靠建构有效的教学解释来促进科学理解并不容易：在建构解释帮助学生理解科学内容时，教师需要兼顾科学内容和被解释者的接受能力等多种因素（见下表）来建构一个“解释框架”。

内容因素	学生因素	环境因素	教师因素
概念在科学上的重要性	年龄	学校类型	科学观
概念在课程中的重要性	认知水平	课程类型	教学经验
宏观还是微观水平	学习动机和态度	课程和内容标准	学科专业知识水平
对象是过程还是实体	认知特征	课时	拟采用的解释类型
对象是定律、理论还是假说	语言能力等其他相关能力	教学资源	认知偏好
可能的相异概念	具有的潜在类比和比喻资源	家长和社会期望	审美偏好

建构良好的解释框架本身对教师来说就是一个非常巨大的挑战，如果同时还需承载着范例教学的功能，让学生从教师的解释中来领会合适的解释方法，这无疑使教师在课堂上的言语行为承载了太多的教育功能，很难使所有学生都掌握如何进行科学解释。

对于科学解释这种高阶思维言语能力的培养，必须做到知识和方法兼顾。这需要教育者有能力从科学哲学的高度理解科学解释，有能力选择合理适当的科学解释模型，将其运用到实际的教育教学活动中，从而促进学习者思维能力的进阶提升。

本书编写的目的并非想在科学哲学理论层面论述科学解释的本质与含义，如果有希望进一步了解科学解释相关理论及具体模型的朋友可以拓展阅读更加专业的著作。本书希望从科学解释的角度给予大家一些启发，帮助大家意识到科学解释在教育教学实践中的重要价值，让大家意识到科学解释对学习者思维能力提升的重要作用。在后续的章节中，我们将会以高中生物学核心概念的教学为基础，为大家奉献一系列真实教学实践过程中的科学解释实例，希望大家能够在一个个具体的实践例子中深入体会科学解释的魅力与价值。

于学习者而言，科学解释是一种活动，更是一种高阶思维能力。从教学实践的角度，我们可以这样理解科学解释：科学解释本身是一种高阶思维能力的体现，也是一种培养学习者高阶思维能力的手段。按照R. 布鲁斯·威廉姆斯在《高阶思维培养有门道》一书中对高阶思维能力的描述，可以将高阶思维能力具体细分成以下高阶思维技能的矩阵。

	相关——同时代性	丰富——复杂性	关联——联系性	严谨 / 专注——挑战性	迁移 / 递归——概念性
理解信息	比较 / 区别（信息的不同方面）	分类 / 整理 / 排序（信息）	建立联系（与先前知识）	解释为什么（从信息中找到意义）	分析（信息的主题及概念）
概括洞察	评价 / 判断（融入个人观点）	视觉化 / 想象（材料的表现）	强制建立关系（看到不寻常的联系）	推断（发现言外之意）	类比（发现概念关系）
发现应用	应用（至个人生活）	创造 / 创新 / 发明（迈向未知领域）	推广（至新的情境）	定序（辨别出下一步）预测	迁移（至其他情境）

说明：

高阶思维共有五个维度：相关（relevance）、丰富（richness）、关联（relatedness）、严谨 / 专注（rigor）、迁移 / 递归（recursiveness）。这五个维度称为“5R”，揭示了为什么每个学生都需要掌握高阶思维技能。

高阶思维技能除了五个维度（横向延展逻辑），还可以分为三个层次（纵向深入逻辑），分别是：理解信息（understanding information）、概括洞察（generating insight）、发现应用（discerning implications）。

理解信息时高级思维技能的初级层次，只有当学生努力地消化（处理）

数据和信息，理解信息的意义，进行比较和对比，并试图解释为什么，或把数据信息进行分类时，才进入高阶思维。

比“理解信息”更深一步的高阶思维层次叫做“概括洞察”。具备了这一高阶思维，学习者在某个时刻就能充分地消化和领会信息，结合信息或数据得出自己的洞见。当学习者能够结合数据和信息得出自己的见解时，表明他们已经真正理解了这些信息。此外，学习者还可以结合他们的见解，来进一步阐发（利用）这些数据和信息。在这个思维层次，学习者也许会经历茅塞顿开的时刻，体验恍然大悟的感觉。

最后一个层次是发现应用。当思维进展到这一阶段，数据和信息的实现意义会变得非常清晰。换句话说，在发现应用这个思维层次，学习者通过结合眼前的数据和信息展开行动，或进行创造，或作出预测，或形成判断，或给出评价。直到这个阶段，学生才真正内化了所学的数据和信息；直到这个阶段，学生才开始体会到努力理解这些数据和信息的乐趣所在；也是直到这个层次，所学数据和信息的重要意义（相关性）才真正凸显出来，学生才终于看到了所学内容与现实生活之间的联系。

按照以上高阶思维能力的细分标准，结合我们在高中生物学中的教学实践，我们可以负责地告诉朋友们：在教学实践中有意识地运用科学解释的方法进行教学设计，不但可以帮助教师提高课堂效率，更可以通过“知识和方法兼顾”的科学解释过程促进学生高阶思维能力的提高。朋友们可以在后续章节阅读时有意识地与本章内容进行对照，体会科学解释的运用，体会科学解释对学生思维能力提升的作用。

第二章

运用真实问题解决的模式对高中生物学核心概念进行科学解释的价值与基本策略

学习离不开解决问题。现实世界的生活模糊不定，复杂多变，交织着各种问题，学校学习必须让学生为此做好准备。

基于以上的学习目标（解决问题、解决生活中的真实问题），反思当下学校中的课堂，我们做得是否足够呢？！以高中生物学的课堂为例，由于课程、考试、学校文化等多方面因素的影响，大部分情况下，老师们所做的工作更趋向于利用直接教学法（DI）将生物学概念、方法、思维方式等较为生硬地传达给学生，或者老师们采用基于问题串的教学推进（类似于问题式学习（PBL）理论的逻辑），但给学生搭建的问题梯度较为随意且简单，对学生核心素养的提升价值有限，通过以上的方式，老师觉得已经把该传达的解释清晰了，可对学生而言却还是一头雾水，更不要说核心素养的提升，就是相关核心概念的解读也是模棱两可、一知半解。基于对现实情况的了解，联系上一章中有关科学解释的描述，自问之下，作为老师，很多时候我们是会汗颜的。

在上一章中，我们构建了一条这样的——“高中生物学核心概念的教学解释→高中生物学核心概念的科学解释→学生高阶思维能力的发展”——教学/学习线索，运用这样的线索老师可以采用丰富的教学策略促进学生对生物学核心概念进行科学解释，通过这样的线索学习者可以在对核心概念进行“深度+广度”的思考中不断提升自己的高阶思维能力，这样的线索也让我们对“核心概念进行科学解释的价值”更加明晰，无论从教学的角度还是学习的角度。可以说，这条线索为我们开启了一扇通向更广阔教学与学习空间的大门，穿过这扇大门，老师在课堂上可以有更大的余地，学习者的学习可以有更深的体验。总之，运用这条线索，上课可以变得更有意思，老师的“汗颜度”自然也就可以降低了。

如果说“高中生物学核心概念的教学解释→高中生物学核心概念的科学解释→学生高阶思维能力的发展”线索为我们的教学和学习提供了一个可供参考的方向，那么接下来需要思考的内容就该是“如何具体实施”的问题了。

基于我们对教学的认识及对学生发展需求的思考，我们认为，以“运用真实问题解决的模式进行课堂实施”作为教学实施的起点，以“促进学生核心素养的提升”作为教学实施的落点，是可以较好契合现实基础与目标要求的。如此，在原有方向性线索的基础上，就形成了这样一条较为完整的高中生物学教学与学习的实施链条——“**运用真实问题解决的模式进行课堂实施**→高中生物学核心概念的教学解释→高中生物学核心概念的科学解释→学生高阶思维能力的发展→**核心素养的提升**”！

有关核心素养的内容在教育部制定的《普通高中生物学课程标准》中已有系统的描述，其并非本书所关注的核心所在，因此本书不再过多赘述。由于本书聚焦点在于真实的课堂，希望在“上课”这个环节上给予大家更多启发，所以，在接下来的文字中，请允许我们将主要的精力放在“运用真实问题解决的模式进行课堂实施”的上课环节上。

将“真实问题解决”作为课堂实施的基础，关键在于如何将正确的思考转化为真真实实的课堂实施？！从“思考”到“落实”谈何容易，尤其是在面对“具有差异化需求的学生”和“诘屈聱牙的专业知识、专业概念”的现实状况时。

即便困难重重，我们还是坚定地相信“运用真实问题解决的模式进行课堂实施”的价值，还是坚定地希望我们自己的课堂可以以“真实问题解决”作为上课的基础，进而将核心概念进行科学解释，最终能够真实地促进学生思维能力的发展和核心素养的提升。

21 世纪社会、技术和文化的快速发展，正在持续塑造并转变着生活领域。尤其在充满竞争和动态变化的领域，问题解决技能是我们生存法宝的组件和急救包。新的世界会给没有准备好的人制造各种困难，但也会为那些具备了必要核心素养的人带来回报和更好的生活质量。现在的学生，如果他们能够重视现实生活中的实践学习，认识到任何学科中的核心概念的科学解释都是促进其高阶思维的重要基础，意识到真实问题解决是21 世纪的一个核心素养，那么说明他们已经开始为更好地面对未来世界做准备了。

就是基于以上的认识，我们认为我们的生物课堂必须重视“真实问题解决”，必须重视“对生物学核心概念的科学解释”，必须重视“学习者高阶思维能力的发展”，必须重视“核心素养的提升”！这一切的重视都从老师对上课的理解、老师对每一节课的设计、老师具体的课堂实施开始的。

就课堂实施而言，仅仅认识到“价值”还不够，还需要有“具体办法”的加持，这些具体办法包括“不断拓新且已经验证的教学理论基础”“对学习者认知水平充分且动态地跟踪了解”“对学科核心概念内涵与外延精深且广博的理解”“既契合学习者需要又符合学科教育推进的课堂运行逻辑设计”“有利于学习者学习的课堂节奏把控”“持续且合理的课堂教学效果评价、监督与追踪”等等。本书由于篇幅所限，我们将“主攻”以上所说具体办法中的两点，即“不断拓新且已经验证的教学理论基础”和“对学科核心概念内涵与外延精深且广博的理解”，作为本书论述的重点，通过对一些以“真实问题解决”为基础的适用理论的论述及运用相关理论对高中生物学核心概念进行科学解释的例析，与读者们进行交流，以期和大家有所共鸣、有所启发。

结合我们的教学实践，我们选择了以下“基于真实问题解决模式”的教学理论作为论述重点，这些理论或模型仅仅是众多可用教学理论中的一部分，之所以选择它们，是因为这些理论在我们自己的教学课堂上经过具体实践且效果不错，能够较好地落实前述——“运用真实问题解决的模式进行课堂实施→高中生物学核心概念的教学解释→高中生物学核心概念的科学解释→学生高阶思维能力的发展→核心素养的提升”——教学与学习的实施链条。下面请大家跟随我们的文字对这些理论做一个初步了解吧！

➢ 深度学习理论

深度学习理论作为能够有效实现“基于真实问题解决模式”的教学理论，得到了越来越多人的认同，市面上关于深度学习的书籍也越来越丰富，为了能够让读者们对深度学习理论有一个初步的认识，下面请允许我们追根溯源，从深度学习概念的源头——机器学习——开始，对深度学习理论的实际所指做一简述。

机器学习中的深度学习，简单地讲，其实就是一个“输入—模型—输出”的过程。其中，模型的建立和训练是整个深度学习的核心所在，而模型的建立有赖于输入的设计与实施，模型是否合理有效需要输出的测试与评估，如此，最终模型的建立本质上是“输入—模型—输出”联动且相互支撑、螺旋上升的过程。

大家仔细看，机器学习中的深度学习是不是恰恰是我们教育教学促进学习者螺旋上升、发展自我能力的过程？！“模型”就是学习者综合能力提升的表现（包括知识水平的增高，学习能力的提升，思维品质的增强，元认知能力的提高等等），我们可以把各种能力看作为一个个合理、适用、有利于问题解决、有利于学习者发展的模型，这些模型都是需要经过训练才能提高、达成的，这些模型的训练过程就是典型的深度学习核心过程；"输入"就是教育者通过合理筛选、设计为学习者提供资源帮助其进行"模型训练"的过程；而"输出"过程就是教育活动中的评价过程。通过"教育教学过程"使学习者获得深度学习的"模型训练"，再通过"评价活动"促进教育教学及模型训练过程的改进，促使学习者不断螺旋上升……

这样理解深度学习，教育者就不用太纠结于形式，面对学习者，只要能够通过合理的"输入"帮助其不断进行"模型训练"，最终促进其合理"输出"，就是典型的"深度学习"过程。

此处对深度学习理论的描述仅仅是一个小开头的初步论述，以作为抛砖引玉的引子，更具体的论述及运用深度学习理论对高中生物学核心概念进行科学解释的例析，请大家参阅本书第 3 章的论述。

➢PBL（Problem-Based Learning）问题式学习

PBL 是真实性教学中一种常见方法。简单地理解，PBL 就是教育者通过"问题"的设计与解决过程，帮助学习者达成深度学习的状态。从这个角度讲，PBL 的核心在于"问题"的设计！

熟手教师由于经验丰富总是觉得课堂教学中的"问题串"可以信手拈来，毫不费力，但实际上，随意问出的"问题"很可能无法帮助学生达到"模型训练"的效果，甚至造成学习者的认知负荷，从而产生厌烦情绪。所以，对教师而言，PBL 理论提示我们，教学过程中，问题的设计要从系统化的角度进行，具体可以包括以下五个非线性的步骤（有时也可能是线性的）：

（1）研究学习需求；

（2）明确内容 / 目标；

（3）选择情景；

（4）设定任务 / 预期；

（5）整合问题。

此处对 PBL 理论的描述仅仅是一个小开头的初步论述，以作为抛砖引玉的引子，更具体的论述及运用 PBL 理论对高中生物学核心概念进行科学解释的例析，请大家参阅本书第 4 章的论述。

➢ATA（authentic thinking with argumentation）基于论证的真实性思维

生命科学作为一门实验性很强的科学学科，教育者在教学中促进学习者真实性实践参与是促进深度学习的重要手段，真实性实践参与包括科学实验和探究性学习等。ATA 是一种模型，它需经过精心设计，将探究性与设计性活动的实施相结合，旨在提升学生的论证素养。论证能力的提升对于学习者“模型训练与建立”至关重要。

ATA 模型包含了两个彼此之间相互影响的主要活动：POE（Prediction-observation-explanation，预测—观察—解释）和 DOE（Design-observation-evaluation，设计—观察—评估），具体关系如下图所示：

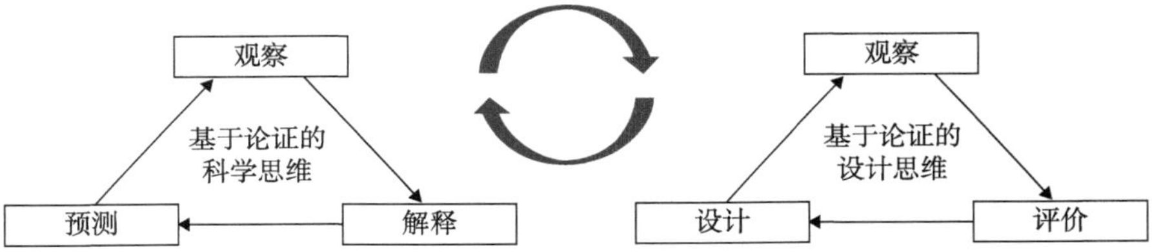

此处对 ATA 模型的描述仅仅是一个小开头的初步论述，以作为抛砖引玉的引子，更具体的论述及运用 ATA 模型对高中生物学核心概念进行科学解释的例析，请大家参阅本书第 5 章的论述。

➢PF（productive failure）有益性失败

与直接教学法（direct instruction，DI）相比，有益性失败（PF）学习设计为学习者提供了参与真实实践的机会，在实践中他们可以从生成和探索新颖设计问题的解决方案开始，随后进行巩固和知识整合。在这一过程中，PF 为学生激活和分化自己的先前知识提供了机会，以便他们在后续教学中能够更好地注意和学习目标概念的关键概念特征。有研究表明，PF 学习设计在形成概念理解和转化方面比直接教学设计更为有效。

也就是说，为了帮助学生理解和转化目标概念，可以尝试在实际的教学活动中使用 PF 学习设计。

此处对 PF 理论的描述仅仅是一个小开头的初步论述，以作为抛砖引玉的引子，更具体的论述及运用 PF 理论对高中生物学核心概念进行科学解释的例析，请大家参阅本书第 6 章的论述。

深度学习也好，PBL、ATA、PF 也罢，它们都是“基于真实问题解决模式”帮助学习者不断提升的有效手段。通过有效地学习，促使学习者最终在面对现实世界问题时充满勇气、游刃有余，达到“办法总比困难多”的状态。因此，无论在课堂上运用以上哪种理论，请切记：脑中始终要有“真实问题解决”这根弦儿！

第三章

基于“深度学习理论”对高中生物学核心概念进行科学解释例析

就像第二章曾经提及的，“深度学习”最早指向于机器学习，就是让本没有智能的机器模拟人的学习模式，通过形成“模型”的方式让机器拥有与人类似的自主思维和学习能力，其本质是一种对人类智能的简化模拟。但随着对机器学习领域中“深度学习”的深入研究，人们发现运用“输入—模型—输出”的模式也可以很好地促进人类自身的学习，也就是说，机器学习领域中“深度学习”的研究成果可以反哺人类自身的教学和学习过程。可以说，这样的发现对于人类的教育与学习来说是革命性的——曾经的人类教育与学习大部分情况都是以经验传授式的“教”为主，而学习者的“学”基本处于从属地位，而“深度学习”的革命性启示在于：人类的教育与学习更应该把“学”的因素提升，最好能够将“以教为主”的模式转换为“以学为主”，即使不是任何时候都是以“学”作为主导，最起码也要让“学”与“教”处于同等的地位。

借鉴机器学习领域中“深度学习”模式，在“以学为主”的启示下，教育教学领域的“深度学习”应运而生。为了能说清楚教育教学领域的“深度学习”，请允许我们从“学习”开始聊起吧。

学习是通过学习或亲身经历而获取知识、技艺、态度、心理概念或价值观的过程，还是促成脑记忆的可测变化的训练过程。有无数描述学习属性的方法。例如，学习内容可以被分为直接教授（外在）的和由生活经验获得（固有）的两部分组成。我们的大部分知识是由生活经验获得的，其实，富有经验的教师会告诉他（她）的学生所学的大部分东西从不在课程设计中。例如，人们会从对他人的观察或媒体的展示中“学会”穿戴；他们从周围其他人身上学会如何举止得体；人们从导航地图中“获悉”驾驶该多快。这也适用于在校的学生，他们学会教师喜欢的行为，同时他们经由经验和观察获得价值标准和技能。在所有描述学习的方法中，与本章密切相关的有两种：外在信息的简单学习与深度学习。

我们采用图解网络的方式来界定简单学习与深度学习。知识的高水平加工及高阶思维能力的发展都需要它们，了解它们的差异很重要，因为这一差异是大量的深度学习之所以发生的原因。在课堂上，学生也应该了解这一差异。例如，学习一个词语及其定义是简单学习。深度学习可以是学习一个词源的经济、社会、政治和地理来历，追踪其跨越几个世纪的影响。深度学习可以包括该词的文学支持、视觉教具以及对语言的贡献。这些因素远远超过典型简单学习的“单一词—定义”关系。所有学习都会让人感到愉快，而且深度学习还会帮助学生增强自我概念和成就感。

➢ 简单学习

简单学习除机械记忆以外不需要付出太多努力。但它在课堂中作为每日学习的基础必不可少。简单学习的一些种类有暖炉上烤手；回想某事发生的地方；指导某一事件的时间、任务、年代或细节；时间学习；空间学习；经典条件反射；例行公事与每天的日常事务。

下列网络定义了简单学习，给出了它的例子，给出了它的同义词，比较了正反两方面，并规定了它的必要条件。同时切记这一训诫：过多的简单学习会导致厌倦。

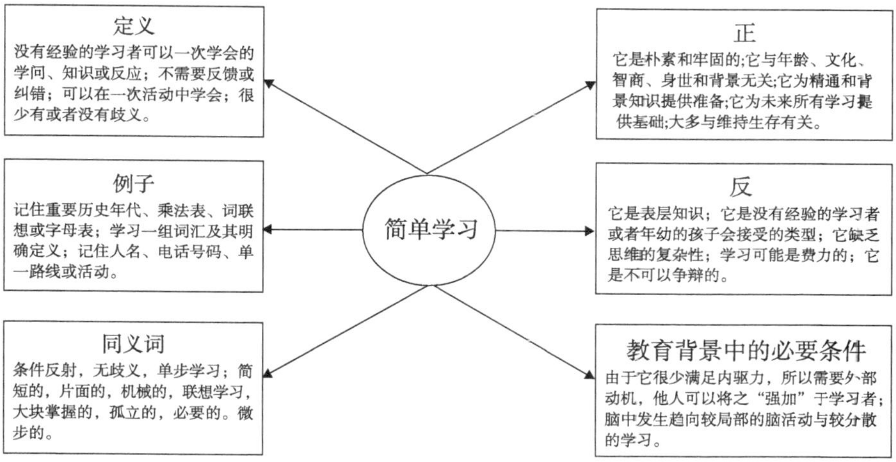

➢ 深度学习

了解了有关简单学习的背景知识，那么是时候将它与深度学习进行比较了。深度学习要求我们遵循操作的多重规则去完成任务。一个人必须知道一点微知识然后将其与其他微知识加起来获得一个完整的、综合的建议。换言之，为了达到内容的深度学习，是要经过多重思考步骤的。

大部分复杂的高阶思维不是直接联结的；而是必须由传授来获得。多数学生缺乏接触、训练和定向技能来进行综合水平的思考。许多情况下，教师想当然地认为学生知道如何从 A 点到 B 点，但是实际上多数学生艰难地进行着深度思考的步骤。例如，当教师让学生总结“摘要”他们听到或读到什么时，他们可能会给出一些所读资料的情况，但这些根本不是重要构想的组成部分，并且毫无连续的、逻辑的顺序可言。要总结资料，学生需要实践和理解摘要基本步骤之外的一些细节，如：

1. 删除资料的不相干部分；

2. 删除重复的观点——将观点与同一主题合并，变得简练；

3. 使用自己的话语来重新叙述资料；

4. 使用摘要用语（“几乎全部”“总之”“简而言之”“重点是”“总的看来”“最后”“总而言之”等等）；

5. 只加入支撑摘要主要观点的最重要细节。

做总结是要求深度思考技能和所涉每一步骤的许多模拟的一个例子。下面的网络定义了深度学习，给出了它的例子，给出了它的同义词，比较了正反两方面，并规定了它的必要条件。切记这一训诫：参与深度思考后，大脑可能会疲乏或兴奋。

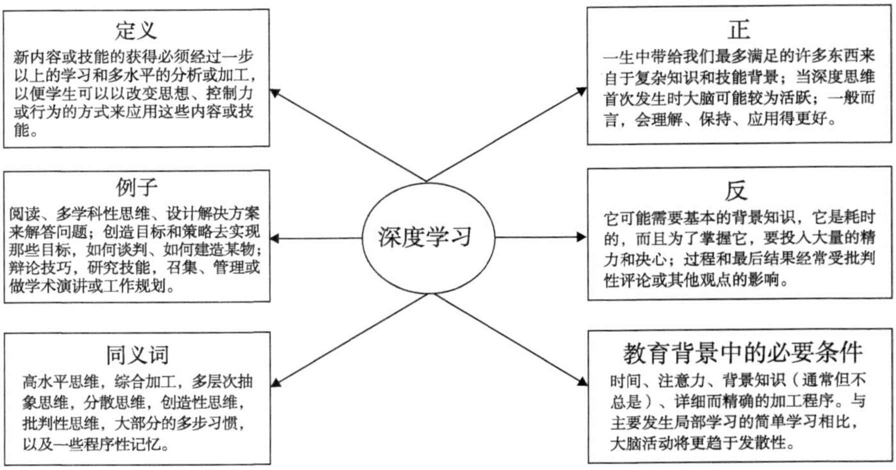

通过以上对“学习”“简单学习”和“深度学习”的描述，相信大家已经对教育教学领域的“深度学习”有了一个概括性的了解。下面请大家继续随着我们的文字回到本章的主题：基于“深度学习”理论有效地帮助课堂实现“运用真实问题解决的模式进行课堂实施→高中生物学核心概念的教学解释→高中生物学核心概念的科学解释→学生高阶思维能力的发展→核心素养的提升”这一教学与学习实施链条。

下面请允许我们以“教学实例”呈现的方式，具体体现“深度学习”如何帮助高中生物课堂实现运用真实问题解决的模式进行课堂实施，进而实现科学解释高中生物学核心概念、促进学生高阶思维能力发展、提升学生核心素养的过程。

实例1：运用“大单元主题教学”方式，通过“对世界四大难疾之一——糖尿病的认知”问题的分析过程，对高中生物学核心概念“细胞的物质组成及细胞的结构与功能”进行科学解释的设计。

（实例提供者：王俊炜老师、王卫红老师）

本文提示：本文基于高中生物学科的核心素养，遵循学生的认知规律，以“细胞的物质组成及细胞的结构与功能”为例进行大单元主题教学的研究，跨越章节，重构知识体系，围绕核心问题的解决，经历材料阅读、模型构建、演绎推理、归纳总结等学习思维活动，发展学生的学科素养，促进深度学习。

2019年教育部考试中心出台了《中国高考评价体系》，其基本内涵的“一核四层四翼”说明高考已不再单纯的注意知识与能力的考查，而是从知识、能力、价值、素养多方面评价学生。基于此，国家主导开展“双新”（新课程、新教材）教育改革，这是一个系统化的改革措施，包括新课程方案、新课程标准、新教材、新教学方式、新评价和新高考（中考）等几个方面。在这样的教育改革浪潮中，为了更好地落实提升学科核心素养，教师在教学中采取多种方式创设新颖的课程内容，其中单元教学设计应用较为广泛。

单元教学是基于核心素养的指导下，以课程标准为依据，教材为载体，对教学内容进行科学化、最优化和系统化地重新组织，侧重情景或话题任务的驱动，围绕核心目标而展开的一种教学方式。而这里尝试的“大”单元教学模式，是基于学生认知规律和学科知识逻辑体系进行建构的学科教学单位，可以跨越教材中的章节界限、学生的年级界限、甚至可以跨越学科界限，是教材中自然单元的整合和重组，是对学科教学单元内容进行的二度开发和整体设计。

一、基于学情的单元教学分析

《分子与细胞》是普通高中生物学新课程中第一个必修模块，该模块以细胞是基本的生命系统构建内容体系，包括系统的物质基础和结构、系统的功能（即细胞代谢）、系统的发展和变化（即细胞的生命历程）。从初、高中知识衔接上看，高一学生对此并不会感到陌生，特别是有关细胞结构的部分。学生在初中已经通过学习知道细胞是生物体结构和功能的基本单位；细胞的基本结构包括细胞膜（细胞壁）、细胞质（叶绿体、线粒体）、细胞核；植物细胞和动物细胞的区别与联系。但是通过初、高中生物学课程标准中这部分内容的比较来看（表 1），一方面对于细胞结构的物质组成尚未有具体的涉及；另一方面，尚未形成完整的细胞亚显微结构及相对应的功能，可见这部分高中教学将从知识体系上更加微观、系统和深化。

《组成细胞的分子》和《细胞的基本结构》是高中的前两个自然教学单元，不仅要引领高一学生进入生物学的学习，更是为后续章节和模块学习奠定坚实的基础。以往常采用两种顺序进行教学。其一，从微观的《组成细胞的分子》单元先入手，介绍物质的种类、结构和功能，寻求从微观到宏观的教学方式。遇到的问题是：过于抽象的、与有机化学关联度高的内容过于集中，难以克服化学知识的欠缺带来的恐惧，困难大于兴趣。解决方式是降低要求，硬着头皮上，在后续课程应用中反复强化。其二，从《细胞的基本结构》入手，由初中已知向高中推进和深化。遇到的问题是：细胞膜模型的构建缺乏组成物质磷脂和蛋白质的结构和特点知识的支持、以分泌蛋白的合成与分泌为例阐述的细胞器间分工合作缺乏过程细化、细胞核中染色质（体）尚处于形式概念上。解决方式是给出相关信息促进学生的理解。综合以上，关键就是两部分内容有很大的关联，并不是完全独立的。

鉴于以往教学经验和本轮“双新”教育改革，尝试通过核心问题的主导、驱动问题的引领将《组成细胞的分子》和《细胞的基本结构》两部分进行重新的整合，将相关的知识结构重组，把抽象的问题具体化，把微观的结构“可视”化，把复杂的化学问题简单化。并且将两部分之间的关联凸显出来，形成以细胞或生物体为核心的系统观念，把原分章节体现的“结构—功能”观重新构建成“物质—结构—功能”的生命观念，并在相关的驱动问题解决上，逐步提升学科核心素养。

表 1　初、高中生物课程标准有关细胞结构的要求

	初中课程标准	高中课程标准	
主题	重要概念	重要概念	大概念
一. 生物体的结构层次	1. 细胞是生物体结构和功能的基本单位 2. 动物细胞、植物细胞都具有细胞膜、细胞质、细胞核和线粒体等结构，以进行生命活动 3. 相比于动物细胞，植物细胞具有特殊的细胞结构，例如叶绿体和细胞壁	1. 细胞由多种多样的分子组成，包括水、无机盐、糖类、脂质、蛋白质和核酸等，其中蛋白质和核酸是两类最重要的生物大分子 2. 细胞各部分结构既分工又合作，共同执行细胞的各项生命活动 3. 各种细胞具有相似的基本结构，但在形态与功能上有所差异	1. 细胞是生物体结构与生命活动的基本单位

二、情景驱使的单元教学设计

知识往往是在情景中生成的，而从现实生活、生产、科研等经验中挖掘情景资源，可以使知识的学习具体化、问题化、思维化和生活化，从而大大提高学生的学习效果和效率。在大单元教学中，创设与生物学相关的任务情景是非常必要的。它能更好地统筹学习单位、引领建构一个有结构的知识系统。情景的创设尽量真实，从生活实际、生产实践、科学研究的历史、最新的科技成果以及已有的概念中创设。

在《细胞的物质组成及细胞的结构和功能》的大单元教学中，以“每年的 11 月 14 日为世界糖尿病日，糖尿病是世界四大难疾之一，你对糖尿病的了解有哪些”为核心问题，这个任务情景来源于生活，是学生生活中熟知的、初中知识体系有所涉及的话题。它能抓住学生的兴奋点，引发学生的情感，调动学生已有的经验，有话可说，吸引学生积极主动地参与。

同时在该核心问题中蕴藏着新的问题和悬念，即驱动问题。这些驱动问题与整个单元的重要概念和教学目标密切关联（表 2），贯穿于课堂教学。而环环相扣的驱动问题使学生在连续递进的思维中逐步形成完整的概念，使学习更具有结构性和应用性。

表 2　单元教学设计思路

单元主题：细胞的物质组成及细胞的结构和功能				
核心问题：对“世界四大难疾之一——糖尿病的认知”				
驱动问题	血液中的糖是什么物质?	胰岛素是什么?	产生胰岛素的胰岛（B）细胞有什么结构?	胰岛素在胰岛 B 细胞中如何合成分泌的?
具体问题	糖类的种类有哪些? 它们的结构和功能是怎样?	胰岛素（蛋白质）是如何构成的? 生物体还有哪些蛋白质? 它们又具有哪些功能?	将细胞与外界环境分隔开的结构是什么? 细胞生命活动的控制中心是什么? 细胞进行各项生命活动的主要场所是什么?	胰岛素如何合成、运输和分泌? 细胞内的膜结构间有何联系?
教学目标	（1）了解有机物的基本结构形式（元素、化合物）、体会有机物类型的多样性； （2）说明糖类的种类，推测动物细胞中糖类的转化关系，关注糖类的摄入对人体健康的影响； （3）理解糖类既是细胞的重要结构成分，又是生命活动的主要能源物质	（1）归纳概况氨基酸的结构通式和特点，阐明氨基酸是蛋白质的基本组成单位； （2）说出氨基酸经过脱水缩合形成肽，肽链中的氨基酸通过肽键连接； （3）分析说明氨基酸的种类、数目、排列顺序及蛋白质空间结构的多样决定了蛋白质分子结构的多样性； （4）举例说明蛋白质具有多样的功能，认同蛋白质是生命活动的承担者	（1）分析细胞膜的成分，说出磷脂的结构及特点； （2）分析“流动镶嵌”模型，举例说出质膜的功能； （3）识别并说出细胞核的结构； （4）说出细胞核中核酸的类型、结构和功能，阐明细胞核是遗传信息库，是遗传物质贮存和复制的场所，是细胞代谢和遗传的控制中心； （5）识别动物细胞中的细胞器，并简要说明其功能	（1）说明细胞各结构之间相互联系、协调一致，共同执行细胞的各项生命活动； （2）举例说明各种生物膜在组成上相似，在结构上有着直接或间接的联系，在功能上既分工又合作

表 2 中呈现的教学环节引导学生从物质和细胞层面来认识糖尿病和胰岛素。在情景的驱动下，使知识不再孤立和片面化，有利于学生对知识进行整体建构和深层加工，使学生意识到对于细胞组成物质及细胞结构和功能等概念学习和研究的价值，提升社会责任。

因为该教学内容是面向高一学生，学生分析、解决学科问题能力尚有不足，所以在驱动问题的设置上是从学生回答中有目的地挑选，并且从具体问题逐步引导而展开。但是至少可以让学生体会高中与初中学习的不同，注重教师在引导过程中蕴含的逻辑依据、思维方法等，逐步尝试迁移于新的问题情景中，解决生活、生产中的真实问题。

三、“微活动”促进单元教学核心素养进阶

求知不是死记硬背，而是实践、体验、感悟的过程，各种形式的“微活动”可以让学科知识和学生的思维活跃起来。“微活动”的设计往往围绕课程的核心概念，按照教学要求，有目的、有计划地设计并组织实施。在学生积极地认知、体验与践行的过程中，对学生潜移默化地施加生命观念、科学思维、科学探究和社会责任等核心素养方面的影响，以使其形成关键能力。

大单元教学需要多个课时完成，学科核心素养的养成也是通过多个课时逐步落实的。学生在初中阶段由于认知有限，仅形成初步的学科素养，因此在高一初始阶段可通过多种多样的“微活动”促使学生对核心素养的认知，也可以通过在不同教学内容中采取同类型“微活动”促进核心素养的进阶（表 3）。

表 3　单元教学中的微活动

微活动	核心素养
用球棍建构有机物模型（每人 1 个碳原子、4 个氢原子和 4 个共价键；每人构建一个甲烷的分子模型；然后小组合作从乙烷，到己烷；体现有机物以 C 为骨架，体会有机物类型的多样性）	生命观念（物质—结构观） 科学思维（模型法）
尝试推测动物细胞内糖类间的转化，关注糖类的摄入对人体健康的影响	社会责任
通过观察 21 种氨基酸的结构式，构建氨基酸结构通式	科学思维（归纳与概况）
利用球棍构建蛋白质的空间结构模型	生命观念（结构与功能观） 科学思维（模型法）
利用磷脂分子模型初步分析细胞膜的结构骨架，用超轻黏土以小组为单位构建细胞膜流动镶嵌模型，评价对课程内容的学习情况	生命观念（结构与功能观） 科学思维（模型法）
构建细胞核结构模型	生命观念（结构与功能观） 科学思维（模型法）
在阅读的基础上以小组为单位构建某一细胞器模型，全班构建出一个动物细胞的结构模型，最后讨论出胰岛 B 细胞与其功能相适应的结构特点	生命观念（结构与功能观） 科学思维（模型法、演绎与推理）
阅读并讨论分析研究分泌蛋白合成与分泌的同位素标记法	科学探究
观察多种多样的细胞，理解细胞的多样性和统一性	科学探究
小组讨论式总结植物细胞、动物细胞、真菌细胞、原核细胞的结构统一性与多样性	科学思维（归纳与概况）
鉴定组织中的各种化合物，理解构成细胞的化合物是细胞结构和功能的基础	科学探究

生命观念是能够理解或解释生物学相关事件和现象的意识、观念和思想方法。在这个单元教学中要建立的是系统观及物质—结构—功能观。从字

面上看“系统”是指有机联系和统一，单元核心问题的设计就是将生命作为一个系统来引入的，学生通过参与式的讨论活动，用系统的观点认识和分析“糖尿病与胰岛素”相关问题。之后又将视角转入细胞，将细胞作为一个基本的生命系统，建构单元的教学体系，通过阅读并讨论的活动方式分析出胰岛 B 细胞产生胰岛素的过程，得出细胞内的各部分结构分工合作共同完成生理活动。学生在初中就接触了结构与功能观，在本单元教学中从构建氨基酸的结构通式模型到蛋白质的空间结构模型，从磷脂分子模型初步分析到以小组为单位构建细胞膜流动镶嵌模型等活动中，逐步深化对物质—结构—功能观的认知。

科学思维是运用科学的思维方法认识事物、解决实际问题的思维习惯和能力。比如，构建模型，在化合物学习中用球棍模型呈现学习内容，到细胞膜学习中引用模型构建作为学习评价，再到小组合作用模型构建动物细胞作为学习方式的科学思维的进阶；比如，在上述驱动问题的基础上，可运用比较与归纳法解决延伸问题，即所有细胞的结构都和胰岛 B 细胞相同吗？总结植物细胞、动物细胞、真菌细胞、原核细胞的统一性与多样性；再比如，运用演绎与推理的方法尝试构建分泌蛋白合成分泌的过程、膜蛋白和细胞内蛋白质的形成过程等。

科学探究体现在熟练使用显微镜观察多种多样的细胞和胞质环流，运用简单的颜色反应原理鉴定生物体中的物质。另外，在教学中也初步渗透离心、同位素标记等方法。

单元核心问题的设计本身就具有很强的社会责任，在通过各项活动解决核心问题中逐步形成了关爱生命的观念和崇尚健康的文明生活方式。

四、多方式的单元教学评价

《细胞的物质组成及细胞的结构和功能》的大单元教学所涵盖的课时较多，所呈现的教学评价方式也多种多样：每节课中的课堂师生、小组合作评价，课后的分析性评价，模型制作，实验评价，单元概念图，及总结小测等均可以及时反馈单元教学的效果、学生知识体系的建构和技能的达成，并适当对教学进行修正完善。

大单元教学是高三系统复习的常见手段。基于“双新”改革，依据学生的认知规律，在高一阶段就构建大单元教学实属尝试、探究阶段，还有许多问题有待探讨和解决。

实例 2：运用“深度学习理论”，对高中生物学核心概念“细胞的生存需要能量和营养物质，并通过分裂实现增殖”中“物质通过被动运输、主动运输等方式进出细胞，以维持细胞的正常代谢活动”主题进行科学解释的实录。

（实例提供者：林祖荣老师）

本文提示：深层学习是相对于简单学习而言的。简单学习是学习者为了完成任务被动地接受学习内容，把信息作为孤立的、不相关的事实来接受和记忆。它以识记、复述知识为特征。而深度学习是一种理解性的学习，它不仅是单纯字面意思上的知识、了解、明白，它更强调一种深层次的思考，即解释、思辨、推理、验证、应用等结果，并将理解的知识应用于生活。这就意味着需要对概念进行科学解释。本实录将展示对“物质的跨膜运输”课题中部分相关概念进行科学解释的教学过程。

教学过程实录（部分）：

老师提出问题：

现有 K^+、Na^+、Cl^-、水、甘油、O_2、CO_2 等离子或分子，你认为它们是如何穿过细胞膜的？哪些可以直接从磷脂分子之间穿过？

学生根据已学过的细胞膜的特性进行分析推测。老师对学生答案的评价不是以对错为标准，而是分析推测是否合乎逻辑。如学生回答：水与甘油都是极性的分子，而磷脂双分子层中间是疏水亲脂的，因此将会阻止水和甘油自由通过。离子与水分子等都很小，因此可以从磷脂分子之间自由穿过。这些推测并不符合事实，但学生的推测有其合理的逻辑，教师应给予积极的评价。

在学生推测的基础上指出：合理的推测并不一定符合事实。如何才能确定这些物质是否能自由穿过磷脂双分子层？

学生：设计实验进行验证。

老师：怎么设计实验？提出你的设计思路。

学生讨论后回答：将生物膜中的蛋白质等物质去除，仅保留磷脂双分子层，观察测量哪些物质能穿过，能穿过的必定是能从磷脂双分子层中穿过的。

老师在肯定学生回答的基础上指出，科学家的想法也是如此。有科学家按照这个思路设计了两组实验：一组是有磷脂分子构成了人工膜，这种人工膜只含有磷脂成分，另一种是正常的生物膜，然后观察测量物质过膜的情况。实验结果如图 3.1 所示。根据这个结果，你能得出哪些结论？得出这些结论的依据是什么？

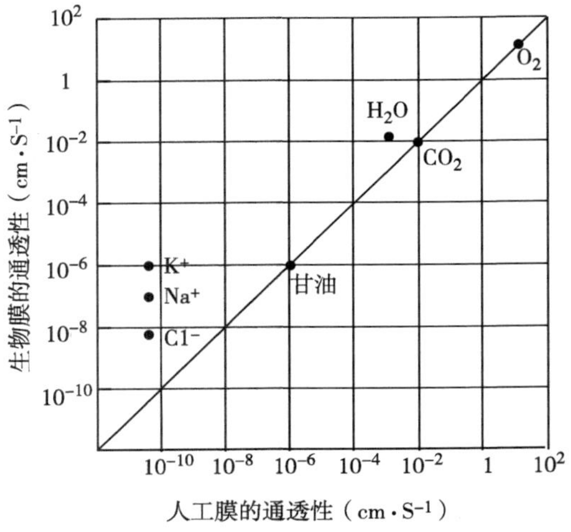

图 3.1

学生讨论后回答：O_2、CO_2 与甘油在人工膜与生物膜的通透性相同，说明它们可以直接从磷脂双分子层穿过而不依赖于膜中的蛋白质等成分；O_2、CO_2、甘油过膜的速率不同，与分子的大小呈正相关，说明分子通过磷脂双分子层的扩散特点很可能是分子越小扩散速度越快。

老师进一步提供资料。有没有其他的证据进一步的证明我们的这些结论呢？有研究者做过如下的实验。根据这个资料，你能得出什么结论？

资料：A、B 两种化合物穿过细胞膜进入细胞的速率如下表所示（分别用不同浓度的化合物 A 和 B 培养细胞）。

	转运速率 /（mol/min）	
化合物的浓度 /（mmol/L）	化合物 A	化合物 B
0.1	2.0	18
0.3	6.0	46
1.0	20	100
3.0	60	150
10.0	200	182

学生根据表中数据分析：化合物 A 的转运速率都是浓度的 20 倍，转运速率与浓度呈正比例的关系，说明它的转运速率只与浓度相关。化合物 B 的转运速率，随浓度的升高，相对速率下降，说明除浓度外还有其他因素的制约。

在上述讨论分析的基础上，教师可归纳，O_2、CO_2、甘油以及资料中的化合物 A，都可以遵循一般物质的扩散原理，从高浓度一侧穿过磷脂双分子层，扩散到低浓度的一侧，这一过程既不需要膜蛋白协助，也不需要提供能量。

接着继续让学生观察图 1。H_2O 的扩散有什么特点？

学生根据图 1 分析：据图可知，水分子在人工膜有一定的扩散速率，说明它可以直接从磷脂双分子层穿过；同时它在生物膜的扩散速度快于在人工膜的扩散速率，说明生物膜上有协助水分子通过的物质。

教师进一步提供资料：

资料：科学家发现一种蛋白 A 可能与水分子出入细胞相关。科学家选用细胞膜中缺乏此蛋白的非洲爪蟾卵母细胞进行实验，处理及结果见下表（注：mRNA 能决定相应蛋白质的合成，汞会影响蛋白质的空间结构）。

实验组号	在等渗溶液中进行的处理	在低渗溶液中测定卵母细胞的水通透速率（$cm/s \times 10^{-4}$）
Ⅰ	向卵母细胞注入微量水（对照）	27.9
Ⅰ Ⅱ	向卵母细胞注入蛋白 A 的 mRNA	210.0
Ⅲ	将部分Ⅱ细胞放入含 $HgCl_2$ 的等渗溶液中	80.7

根据上述资料，你能就水分子出入细胞得出什么结论？

学生分析：比较实验组Ⅰ与Ⅱ，注入蛋白 A 的 mRNA，水分子的通透速率显著加大，这种速率的加快显然与加入 mRNA 相关。资料提示 mRNA 能决定相应蛋白质的合成，推测水分子通透性增强可能与 A 蛋白相关。比较实验Ⅱ与Ⅲ组，结果显示水分子的通透就给明显降低，这是由于加入 $HgCl_2$ 导致的，资料告知，汞会影响蛋白的空间结合。推测加入 $HgCl_2$ 后水分子的通透性变小可能是影响了蛋白质的空间结构。从而也说明了，水分子过膜很可能是与蛋白质相关的。

教师继续提供图 3.2 所示的实验：一组是去掉了细胞膜上的蛋白质的红细胞，另一组是没有去除膜上蛋白质的红细胞。图示的实验结果显示，在去除了细胞膜上的蛋白质后，细胞将不被涨破，而如果没有去除蛋白质的细胞，在蒸馏水中将会膨胀，最后被涨破。这证明了，细胞膜上确实存在与水分子出入相关的蛋白质。科学家将这种蛋白质称为水通道蛋白（图 3.3）

由此可见，水分子过膜既可以直接从磷脂双分子层间穿过，也可以从水通道蛋白通过。

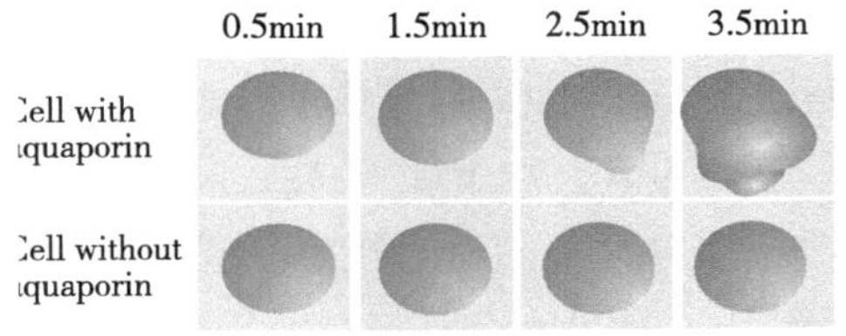

IIlustrotion：Typoforn

图 3.2

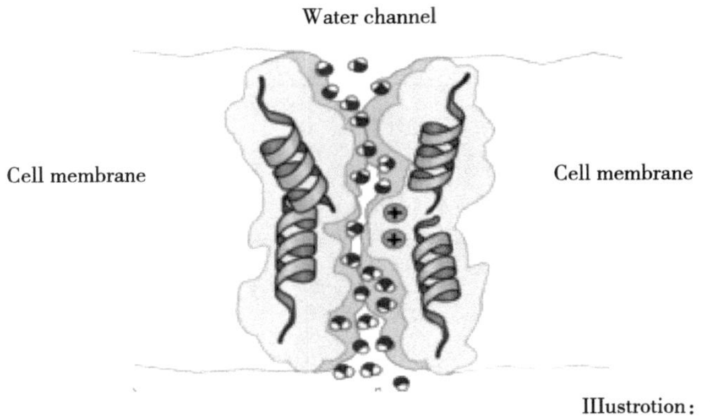

IIlustrotion：Typoform

图 3.3

……

实例 3：以“阅读能力的进阶培养”促进学生的深度学习，对高中生物学核心概念“细胞是生物体结构与生命活动的基本单位”和“细胞的生存需要能量和营养物质，并通过分裂实现增殖”进行进阶式科学解释的实录。

（实例提供者：张超老师）

本文提示：

通过文本阅读获取信息、整合信息，最终将信息与学习者自身知识系统进行重构更新，促进学习者高阶思维能力的增强、核心素养的提升、解决问题水平的提高，这个过程中，阅读能力是关键所在。高中生的阅读能力，尤其是科学阅读的能力是需要通过教育者有意识地进阶培养才能达成的。对于高中生物学核心概念的深度学习而言，文本的科学阅读，尤其是“科普文”与“科技文”的科学阅读是至关重要的，本文将通过对高中生物学核心概念“细胞是生物体结构与生命活动的基本单位”和“细胞的生存需要能量和营养物质，并通过分裂实现增殖”进行进阶式科学解释的教学实录为例，展示通过教育者有意识地进阶设计来促进学习者科普文及科技文阅读能力进阶提高的培养过程。

在高中生物学的学习过程中，通过对科普文和科技文的科学阅读进而促使学习者深度学习是至关重要的。所谓科普文，即把已有科学知识、科学方法，及融于其中的科学思想和精神，通过文字方式表达，使成为读者能理解的文章，其特点在于更重视科学结论的描述，而对科学结论的研究细节及过程相对较为忽略。而所谓科技文，则是更注重描述科学结论研究过程、方法、细节的文章，主要以科学研究文献、论文等形式呈现。科学阅读一言以蔽之就是保障学习者通过阅读达成由“不明白”到“明白”的阅读方法。想要将较为专业的科普文、科技文（尤其是科技文）阅读到“明白”的状态是很不容易的，这个过程需要教育者通过精心的设计将科学阅读方法教授给学习者并有规划地指导学习者实践，逐步帮助学习者掌握且能熟练应用，这个过程显然不能一蹴而就，这个过程是需要采用“进阶”的模式推进的。

建议教育者在科学阅读进阶培养设计时以“先科普再科技”“先教师引导再逐步放开”“多动笔、多表达、多交流”为原则，采用逐步推进的方式完成。下面展示的对高中生物学核心概念“细胞是生物体结构与生命活动的基本单位”和“细胞的生存需要能量和营养物质，并通过分裂实现增殖”进行进阶式科学解释的教学实录中就是采用了以上原则，将科学阅读进阶培养分成了五个阶段完成的。

一、在科学阅读方法讲解基础上，通过科普文阅读帮助学习者进行简单信息获取的初步尝试

与知识的教授不同，科学阅读方法的培养需要基于四个基本条件，其一，教育者对学习者充分全面地了解；其二，学习者对教育者充分的信任与配合；其三，学习者对教育者教学习惯、知识讲解的适应；其四，教育者要针对学

习者的个性化特点精心设计、提供最适用的课题与材料。基于以上四个条件的限制，对学习者科学阅读方法的培养并不适宜在高中生物学最初始阶段开始，我有意识地对自己学生进行科学阅读方法的培养是在教授了绪论及生命的分子基础两个课题后开始的。通过高中生物学最初始两个课题（绪论和组成细胞的分子）的教授，教育者与学习者在彼此互动中可以建立充分的了解和信任，即具备了四个条件中的前三项基础，在这样的前提下，我选择了“细胞膜”课题作为了科学阅读进阶培养的起始。

选择“细胞膜”课题作为科学阅读进阶培养的起点原因有三：第一，细胞膜课题在教材的描述中是一篇长度较为适合、科学结论较为明确的科普文；第二，细胞膜课题相对独立，适合知识迁移能力还不足够的初级阅读者进行阅读；第三，细胞膜课题中的相关知识难度较小，容易通过阅读帮助学习者建立学习的信心。

在“细胞膜”课题的科学阅读进阶培养设计上，我做了如下图 3.4 的工作：

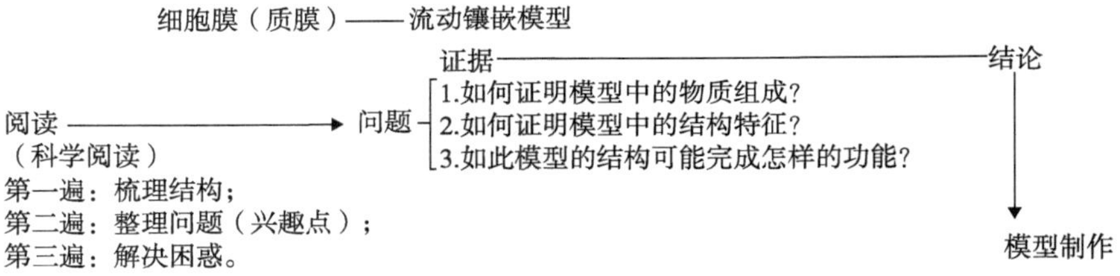

图 3.4

1. 教育者以直接讲授的方式介绍科学阅读的价值与具体方法。

科学阅读的价值在于：通过阅读进行学习和自我思考，从阅读中可以提升自己，扩充知识，以达到自我发展的目的，这种阅读往往是有设计的，有明确目的的阅读过程。

科学阅读的起点是明确阅读目标、选择对应的阅读内容。以运用科学阅读对“细胞膜”课题的学习为例，阅读的目标与内容是很明确的，就是以教材相关内容作为具体阅读内容，通过阅读将不明白的内容学习明白。

明确阅读目标及内容后，建议采用“三遍阅读”的方式进行科学阅读，即（1）第一遍：浏览性阅读。快速浏览整体内容，找出阅读部分指向的基本问题或框架脉络，此遍阅读的核心是要将所阅读内容的整体结构梳理出来，以便于从整体的角度把握阅读的框架。第一遍阅读不用花费很长时间，以“细胞膜”课题为例，第一遍阅读主要过程就是在快速浏览内容的基础上将此节的黑体字标题进行结构化梳理。（2）第二遍：精读内容、思考并提出问题与困惑。通过对内容的细致阅读进行“即时学习”（所谓“即时学习”就是能够从新接触的一篇文章中快速获取信息，并将即时获得的信息顺利地整合到自己的知识体系中，使其成为自己知识体系的一部分）与“知识迁移”（所谓“知识迁移”就是对新获得、刚刚放入自己知识体系中的新信息与自己知识体系中的原有内容进行关联、整合，最终使新获得信息与原有知识有机地形成一个整体，成为能够分析问题、解决问题的资源），将新的信息进行提取与整理的同时，结合阅读内容提出自己感兴趣的问题与困惑（如不太明白但想搞明白的点，如特别认同的点，如不太认同的点，如自己特别感兴趣希望深入了解的点等）。第二遍阅读最好对阅读时间进行有计划地控制，不能粗略，但也不要拖沓，新信息的获取、梳理、整合以及提出自己感兴趣的问题与困惑是第二遍阅读的关键所在。以“细胞膜”课题为例，第二遍阅读主要是要把有关细胞膜的知识信息进行梳理，并在此基础上提出类似于图 3.4 中的相关问题与困惑。（3）第三遍：通过精研、拓展等方式，努力解决第二遍阅读中提出的问题与困惑。第三遍阅读的核心是“解决问题与困惑”，因此，此遍阅读无需设定阅读时长，也不用限制阅读范围，针对相关问题与困惑进行精细研究与拓展阅读都是必要的手段。以“细胞膜”课题为例，第三遍阅读主要是针对解决第二遍阅读中的问题与困惑进行的，可以通过精研阅读资料本身，也可以进一步拓展查找其他相关文献、材料，还可以通过动手实践等各种方式，总之，解决问题、释疑解惑是关键。在查阅其他文献、材料时，学习者可以继续运用科学阅读的方法进行实践；在解决问题过程中，学习者还可能会生发现新的问题，面对新的问题其可以继续采用包括科学阅读在内的各种方法推进，通过这样迭代层进的过程帮助学习者达成自主发展、螺旋上升的学习状态。

特别强调，运用“三遍阅读”方式进行科学阅读时，是需要动笔记录的，此点对于学习而言至关重要。记录的方式可以依据文本的类型（科普文或科技文等）、学习者个人的习惯（概念图或思维导图或文本梳理等）、学习者即时学习与知识迁移的思维模式等的不同而不同，记录方式的个性化对于学习者自身的深度学习与自我意识发展是非常重要的。

2. 在教育者的指导下，初步尝试对“细胞膜”课题的科普性文本进行信息获取与整理。

科学阅读方式需要教育者的教授，科学阅读的实践更需要教育者的指导。学习者初始接触科学阅读时往往很难通过自己的力量整理文本的结构与内容，也很难提出自己的问题与困惑，更不容易通过自己的力量拓展对问题与困惑进行解决，因此，初始的科学阅读实践过程是需要在教育者的逐步指导下完成的。

针对“细胞膜”课题科普性文本的阅读，教师可以采用“问题—证据—结论”的逻辑，引导学习者通过阅读提出如图 3.4 所示等问题，并针对提出的问题通过阅读文本梳理、模型构建制作等方式尝试解决。如果学生不能自主完成阅读文本的梳理工作，建议教师以“结构—功能”生命观念为基础，带领学生对文本进行梳理，如图 3.5。通过教师引导下的问题提出、问题解决、信息提取与整合等过程，帮助学习者完成科学阅读实践的初步体验。

细胞膜（质膜）
[结构——————————————功能]

结构：
- 组成：磷脂、蛋白质、糖、胆固醇等；
- 结构：
  - ①磷脂双分子层——基本支架；
  - ②蛋白质或镶嵌或贯穿；
    - 糖——糖蛋白——糖脂——糖被——外侧；
    - 胆固醇——增强刚性；
  - ③流动性（一定的流动性——结构特点）。

功能：
- ①分隔；
- ②控制物质出入（选择透过性——功能特性）；
- ③信息交流。

图 3.5

二、以问题引导的方式帮助学习者通过对科普文的科学阅读获取简单信息

通过教师讲授科学阅读方法并在“细胞膜”课题学习中指导学习者初步进行科学阅读尝试，学习者已经具备了基本的科学阅读意识和技巧。在这样的状态下，教师应“趁热打铁”，继续提供适合的科普类科学阅读材料，促使学习者进一步进行科学阅读实践。

基于以上的思考，我选择了“细胞质”及“细胞核”两个课题进一步推进科普类科学阅读的实践。与在“细胞膜”课题进行科学阅读实践不同，“细胞质”及“细胞核”两个课题的科学阅读不再是教师全程引导模式了，而是采用“基于问题引导”式模式。

1. 教师指定“细胞质”“细胞核”两个课题的课本内容作为此次科普文科

学阅读的阅读内容，并明确要求学习者通过“三遍阅读”的方式将相关内容从“不明白”学习到“明白”。

2. 鼓励学习者通过讨论、演讲、演示等方式，主动展示交流自己的科学阅读过程，展示交流的内容包括“自己科学阅读的具体过程”“阅读中提出的自己感兴趣的相关问题”“自己对相关问题的解决过程”及“科学阅读未能解决的困惑”等。

3. 教师根据学生展示交流的情况进行点评，并提供一些教师角度的“问题”，引导学生根据教师所提的问题继续进行科学阅读，以解决这些问题。通过这样“学生自主阅读→交流表达→教师问题引导阅读”的过程，帮助学习者体会科普文科学阅读中问题提出的方向和价值，提高学习者通过科学阅读获取信息、整合信息的能力，促进学习者对科普文科学阅读得更深入理解，提升学习者对科普文科学阅读的信心。“细胞质”课题教师可用的引导性“问题”包括：细胞质基质与细胞器相比，在细胞代谢方面谁的价值更大、动物细胞所特有的细胞器、植物细胞所特有的细胞器、带膜结构的细胞器（细胞结构）、双层膜结构的细胞器（细胞结构）、无膜结构的细胞器（细胞结构）等；“细胞核”课题教师可用的引导性“问题”包括：如何证明细胞核的功能、核膜与核孔的关系、染色质与染色体的关系等。

三、以真实复杂问题的解决为基础帮助学习者通过科普文阅读进行信息整合及问题解决

通过以科学阅读为基础的“细胞膜”“细胞质”“细胞核”三个课题的学习，学习者对科普文科学阅读中信息提取与信息简单整合的方式与过程逐渐驾轻就熟起来，在这样的基础上，教师就可以带领学习者进入下一个科学阅读进阶阶段了，即以真实复杂问题的解决为基础帮助学习者通过科普文阅读进行信息整合及问题解决。

学习的目标在于问题解决，尤其对真实复杂问题的解决。对学习者而言，如果能够通过科学阅读过程完成更有深度的“即时学习”与“知识迁移”，并运用新建立的知识体系解决真实的复杂问题，这个体验不但可以增强他们对学习的信心，而且会提高他们对进一步深度学习、问题探索与解决的主动性。毫无疑问，这个过程还会对学习者科学阅读技巧、高阶思维能力有不小的促进作用。

鉴于以上的认识，我选择了“物质的跨膜运输”课题对“以真实复杂问题的解决为基础帮助学习者通过科普文阅读进行信息整合及问题解决”进行实践。其具体的教学策略是：教师引导并提出真实复杂问题→阅读科普性材料（阅读此科普性材料中的文字，无法通过直接获取信息的方式解决问题，而是需要对材料进一步分析、整合形成自己的观点和知识体系后才能解决问题，这样的阅读更贴近真实问题解决时的阅读）→学习者展示表达交流→教师梳理、讲解，帮助学习者深入理解并整合信息，最终解决问题。

1. 教师引导学习者思考真实状态下细胞所处环境特点及细胞物质需求变化情况，构建出如下图 3.6 所示的类似于细胞真实生活环境的模型图。

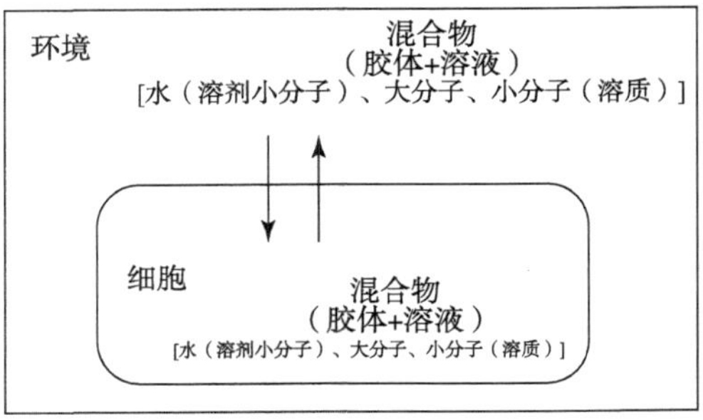

图 3.6

通过对“细胞所处环境特点及细胞物质需求变化情况”的分析，提出要以下真实复杂问题：

（1）有哪些类型的物质需要跨膜运输？（2）溶剂分子的跨膜运输？（3）小分子溶质分子的跨膜运输？（4）大分子的跨膜运输？

2. 以教材作为“物质的跨膜运输”课题的科普性阅读材料，要求学习者以以上真实复杂问题的解决为目标进行科学阅读。特别强调此次阅读中“即时学习”与“知识迁移”的重要性，建议在学习者科学阅读前，讲授与“即时学习”“知识迁移”相关的基本知识、一般方法和简单技巧，提醒学习者在阅读中有意识地完成“新信息的获取、梳理、整合”及“通过科学阅读建立新知识体系”等实践过程。

3. 邀请学习者展示其科学阅读的成果（包括新信息梳理、整合情况，新知识体系建立情况等）及对真实复杂问题解决的情况。

4. 教师对学习者的展示进行梳理点评，尤其注意将学习者犯错的部分转化成为“有益性失败”并作针对性学习设计（详见第六章中相关“有益性失败（PF）学习设计”的案例实录），通过教师的教授，帮助学习者深入理解并整合信息，完善新的知识体系，实现对相关核心概念的科学解释，最终解决最开始教师提出的相关真实复杂问题。

四、引导学习者进行科技文科学阅读尝试，并引领学习者在信息获取、信息整合的基础上对所阅读内容结构化，最终将结构化的内容落实在“笔头”进行交流

通过以科普文科学阅读为基础的“细胞膜”“细胞质”“细胞核”“物质的跨膜运输”四个课题的学习与实践，学习者对科普文科学阅读中的“即时学习”与“知识迁移”已经有了充分的理解与实践经验，在这样的背景基础上，教师需要考虑将学习者阅读能力的进阶培养从“科普文的科学阅读”推进到“科技文的科学阅读”。

如前所述，科技文与科普文相比，更加注重对科学结论研究过程、方法和细节的描述，与科普文中信息获取与整合主要关注点在于“结论梳理及结论间逻辑建构”不同，科技文更加强调更深入的“即时学习”与“知识迁移”，即不但要能够完成“结论梳理及结论间逻辑建构”，还要能够对将结论本身及结论获得的研究过程细节进行系统性逻辑化的流程梳理，以实现对结论全面、科学、深度地理解。这是一个很高的要求，需要相对长期和反复的实践才能达成。对于学习者而言，一旦具备了对科技文进行科学阅读的能力，那么其就有能力通过阅读包括研究文献和论文在内的各种文本以实现自主深度学习的目标了。向更深层思考，我们可以认为具备对科技文进行科学阅读的能力是促进其终身学习及整体人生自信的重要基础之一。

教师带领学习者进行科技文科学阅读的初始尝试可以选择“呼吸作用”课题，原因有二，其一，“呼吸作用”课题学习者在初中有所接触，这样的学习经历可以在进行相对较难的科技文科学阅读时增加学习者尝试的勇气；其二，高中生物学中的“呼吸作用”课题，知识深度、过程的细化程度、研究的方法等内容具有较大弹性，便于教师根据学习者的学习能力进行调配。

初始尝试科技文的科学阅读，是需要在教师的引领下完成的，以运用科学阅读方式学习“呼吸作用”课题为例，从“问题引入”到“科技文科学阅读引导”到“结构化落笔指导”到“具体知识引领式梳理”到“运用相关知

识解决问题”，全过程都需要教师的细致指导，以帮助学习者体会、体验科技文的科学阅读过程。此过程具体实施如下：

1. 问题引入。

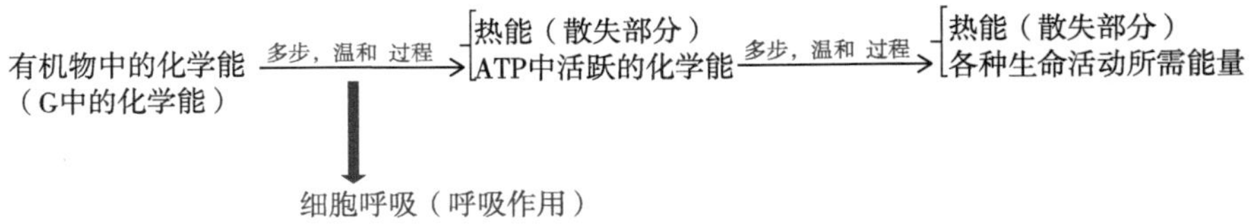

图 3.7

在教师的引领下，将“呼吸作用”课题转化为一个学习者需要解决的“真实复杂的问题”，并通过如上图 3.7 的引导，帮助学习者明确“呼吸作用”课题学习、研究的方向。

2. 科技文科学阅读引导及结构化落笔指导。

在教师的指导下，帮助学习者意识到科技文科学阅读是以“信息获取”“信息整合”为基础的科普性阅读进阶到以“结构化”为目标的科技性阅读的过程，并提示学习者在进行科技文科学阅读时一定要进行“结构化落笔”操作，即在科学阅读时一定要把自己阅读中的理解进行结构化梳理，阅读后能够根据阅读内容构建出一个整体的结构框架，这个结构框架的形式没有一定之规，按照自己的习惯进行梳理即可，可以是“重点信息摘录”“概念图”“思维导图”“问题式整理”等任何方式完成的结构建立，也可以是针对问题梳理出的“问题进阶流程”“具体细节梳理”“整体结构框架”等形式内容。下面的图 3.8、图 3.9、图 3.10 就是在教师指导下学习者通过科学阅读的方式梳理出的有关“呼吸作用”课题的“结构化落笔”实例。

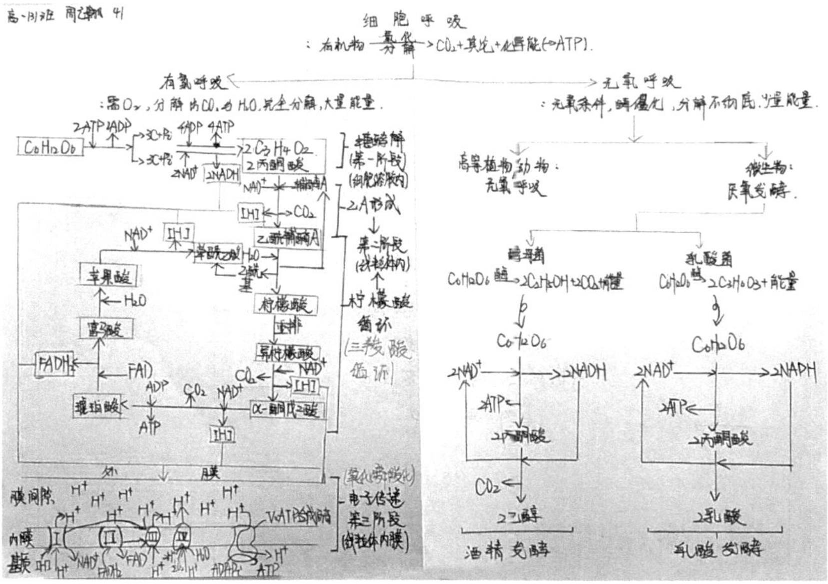

图 3.8

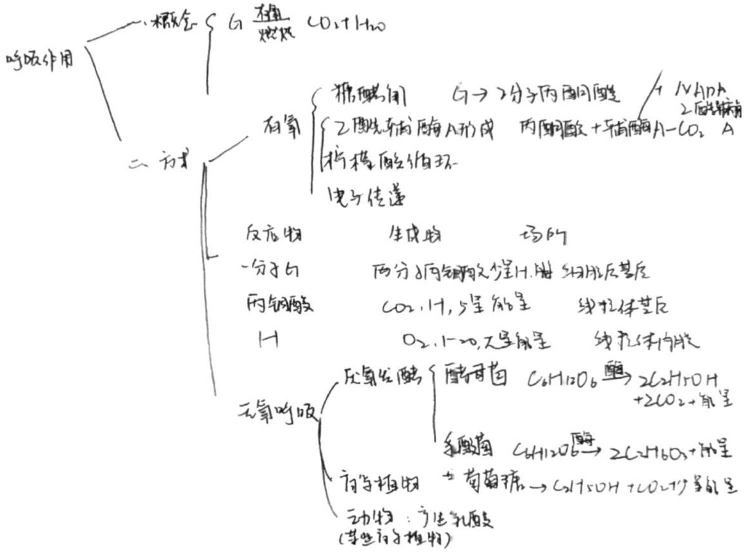

图 3.9

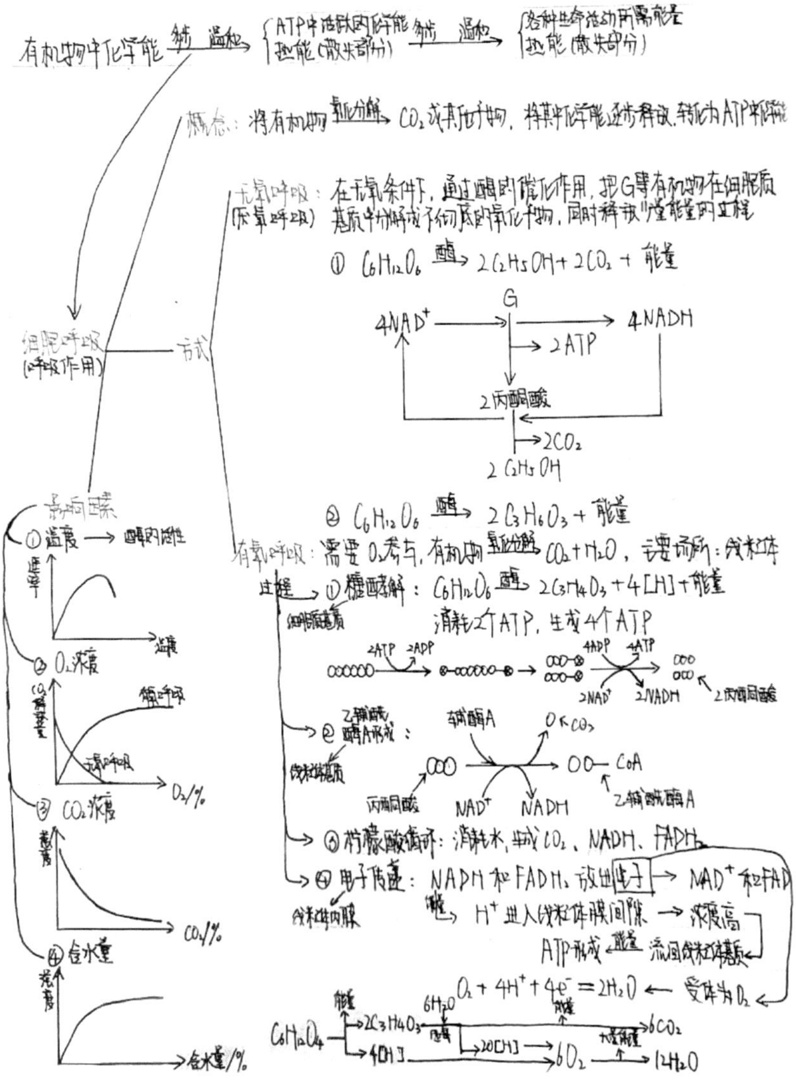

图 3.10

3. 具体知识引领式梳理及运用相关知识解决问题。

教师引导学习者使用自己梳理的“结构化落笔”进行较为深入的相互交流，在此基础上，教师采用“本质—过程—细节—论证—应用”的思路，进一步帮助学习者对“呼吸作用”课题做具体知识引领式梳理，如下图 3.11 所示。

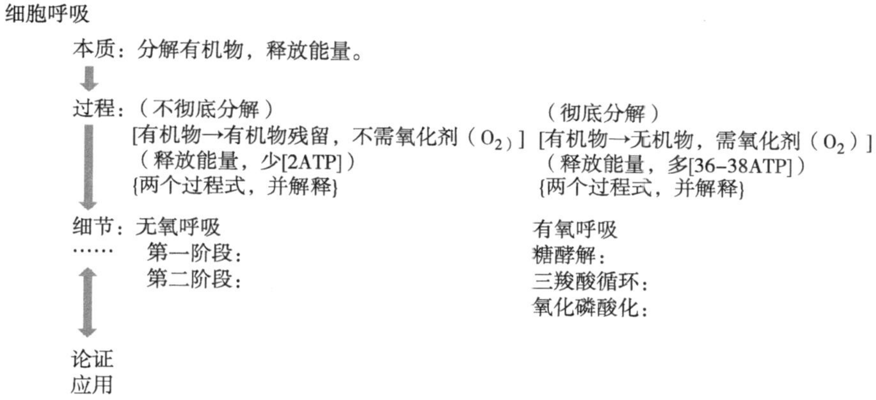

图 3.11

从解决“真实复杂的问题”的角度，“论证”和“应用”过程是“呼吸作用”课题中的重中之重，是对“运用相关知识解决问题”的具体落实，因此，建议教师进行更加细致的设计。下图 3.12 显示一种有关“呼吸作用”课题“论证”“应用”过程的一种授课思路，供参考。

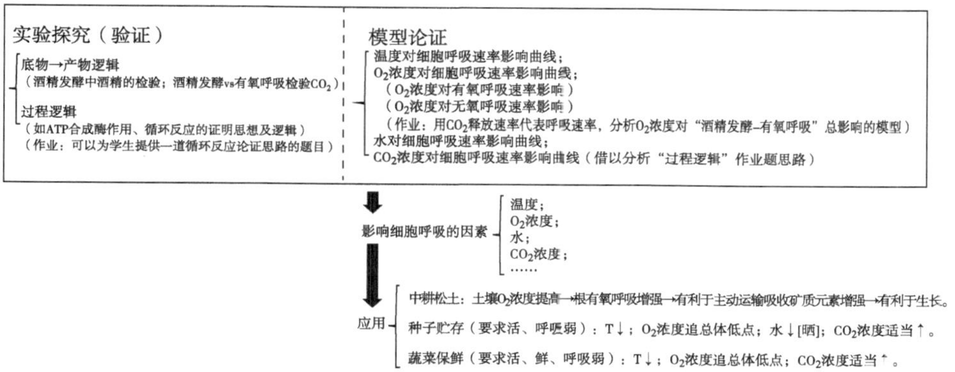

图 3.12

五、为学习者提供完全开放的资源与环境，让学习者体会完整的科学阅读与交流、表达过程，体会通过科学阅读进行真实复杂问题解决的深度学习过程

经过了以科普文科学阅读为基础的“细胞膜”“细胞质”“细胞核”“物质的跨膜运输”四个课题的学习与实践，经历了在老师带领下以“呼吸作用”课题为基础的完整科技文科学阅读体验，学习者对科学阅读已经有了较为清

晰的认识，同时也拥有了较为成熟的科学阅读能力。接下来，教师需要为学习者提供一个完全自主且完整运用科学阅读方法进行深度学习的机会，让学习者体会完整的科学阅读与交流、表达过程，体会通过科学阅读进行真实复杂问题解决的深度学习过程。

教师要为学习者提供一个完全开放的环境，在这个环境中，教师不再担任知识讲授者的角色，而只是作为资源的提供者与服务者出现——为学习者提供适宜的真实复杂问题，为学习者提供必要的规划、方法建议，为学习者提供必要的过程性指导，为学习者提供他们所需的必要资源，为学习者提供必要的答疑服务。

教师为学习者提供的真实复杂问题与资源要具有一定的挑战性，但同时也要在了解学习者基本能力的情况下选择他们能够通过科学阅读解决的课题。我们最终选择了“光合作用”课题作为学习者完全自主且完整运用科学阅读方法进行深度学习的课题。“光合作用”课题在高中具有一定的难度，同时也具有不错的弹性，不同能力的学生可以根据自己的情况达到不同的深度。

下面介绍一下我的具体实践：

1. 教师说明通过完全自主方式运用科学阅读方法对“光合作用”课题进行深度学习的价值，鼓励学习者敢于挑战自我，解决问题。

2. 教师说明具体自主深度学习的规划及建议，包括：

（1）采用科学阅读方法进行深度学习，可用阅读资料有教材、校本读本、教师提供的资料、专业文献、网络资料等，学习者可以根据自己的学习情况进行选择和拓展，如果某些资源无法自主获取，可以求助老师帮助获取相关资料。

（2）资源结组学习，以小组为单位进行讨论、交流。

（3）最终以小组为单位进行演讲、表达，展示学习成果，学习与表达思路自定，可以借鉴教师在“呼吸作用”课题的思路，也可以根据自己习惯的思路进行交流。

（4）“光合作用”课题整体安排 5 课时，1 课时自主实验，2 课时自主的科学阅读并讨论学习，2 课时小组演讲、表达交流。表达交流可以小组间合作，对“光合作用”课题中具体内容进行分工，也可以一个小组完成所有具体内容的演讲。

（5）“光合作用”课题自主学习期间，教师是资源的供给者，学习者有需要可以随时和老师交流。

附 1：教师提供的有关光合作用的可用文献 1——创建 D1 合成新途径，提高植物光合效率

植物细胞中叶绿体是进行光合作用的场所，高温或强光常抑制光合作用过程，导致作物严重减产。光合复合体 PSII 是光反应中吸收、传递并转化光能的一个重要场所，D1 是 PSII 的核心蛋白。高温或强光会造成叶绿体内活性氧（ROS）的大量累积。相对于组成 PSII 的其他蛋白，D1 对 ROS 尤为敏感，极易受到破坏。损伤的 D1 可不断被新合成的 D1 取代，使 PSII 得以修复。因此，D1 在叶绿体中的合成效率直接影响 PSII 的修复，进而影响光合效率。

叶绿体为半自主性的细胞器，具有自身的基因组和遗传信息表达系统。叶绿体中的蛋白一部分由叶绿体基因编码，一部分由核基因编码。核基因编码的叶绿体蛋白在 N 端的转运肽引导下进入叶绿体。编码 D1 的基因 psbA 位于叶绿体基因组，叶绿体中积累的 ROS 也会显著抑制 psbA mRNA 的翻译过程，导致 PSII 修复效率降低。如何提高高温或强光下 PSII 的修复效率，进而提高作物的光合效率和产量，是长期困扰这一领域科学家的问题。近期我国科学家克隆了拟南芥叶绿体中的基因 psbA，并将 psbA 与编码转运肽的 DNA 片段连接，构建融合基因，再与高温响应的启动子连接，导入拟南芥和水稻细胞的核基因组中。检测表明，与野生型相比，转基因植物中 D1 的 mRNA 和蛋白在常温下有所增加，高温下大幅增加；在高温下，PSII 的光能利用能力也显著提高。在南方育种基地进行的田间实验结果表明，与野生型相比，转基因水稻的二氧化碳同化速率、地上部分生物量（干重）均有大幅提高，增产幅度在 8.1% ~21.0% 之间。

该研究通过基因工程手段，在拟南芥和水稻中补充了一条由高温响应启动子驱动的 D1 合成途径，从而建立了植物细胞 D1 合成的“双途径”机制，具有重要的理论意义与应用价值。随着温室效应的加剧，全球气候变暖造成的高温胁迫日益成为许多地区粮食生产的严重威胁，该研究为这一问题提供了解决方案。

附 2：教师提供的有关光合作用的可用文献 2——在实验室实现人工合成淀粉

淀粉是小麦、玉米、大米等谷物粮食中最主要的成分，也是重要的工业原料。不过目前，人类主要通过农业种植来生产这种复杂的多碳化合物。近期，中国科学院天津工业生物技术研究所在淀粉的人工合成方面取得重大突破性进展，国际上首次实现了二氧化碳到淀粉的从头合成，相关工作于 2021 年 9 月 24 日发表于国际顶尖杂志《科学》。

从二氧化碳到淀粉，也就是从 C1（一碳化合物）到 Cn（多碳化合物）的过程，并不容易。

自然界中，玉米等农作物中淀粉的合成与积累涉及 60 余步代谢反应以及复杂的生理调控，但是理论能量转化效率仅为 2% 左右。人工合成淀粉的路，怎么走得又快又好?

首先，我们设计了一条从 C1（一碳化合物）到 Cn（多碳化合物）的新路径。

针对植物只能利用空气中低浓度二氧化碳（0.04%）、低能量密度的太阳能（10 w/m²）、生长周期长（3~4 个月）、天然淀粉合成途径长（大约 60 个步骤）、催化效率低（需要关键酶 RuBisco）等关键问题，科研人员耦合化学催化与生物催化技术，充分发挥化学催化速度快与生物催化可合成复杂化合物的优势，从头设计和构建了从二氧化碳到淀粉合成只有 11 步反应的人工途径（Artificial Starch Anabolic Pathway，ASAP），在实验室中首次实现了从二氧化碳到淀粉的全合成。

受天然光合作用的启发，科研人员在太阳能分解水制氢的技术上，进一步开发了高效的化学催化剂，把二氧化碳还原成甲醇等更容易溶于水的一碳

化合物（也就是C1），完成了光能——电能——化学能的转化，该过程的能量转化效率超过10%，远超光合作用的能量利用效率（2%），也为后续进一步采用生物催化合成淀粉奠定了理论基础。

其次，我们用“搭积木”的思维解决了适配性问题。

人工合成淀粉的最大挑战在于，天然淀粉合成途径是通过数亿年的自然选择进化而成，各个酶都能够很好地适配协作，而人工设计的反应途径却未必如此完美。

为了解决酶的适配问题，基于每个模块终产物的碳原子数量，科研人员采用“模块化”——“搭积木”的思路，将整条途径拆分为四个模块，分别命名为C1（一碳化合物），C3（三碳化合物），C6（六碳化合物）和Cn（多碳化合物）模块。每个模块的原料和产物都是确定的，但是可以有多种反应过程，科研人员要做的，就是找到四个模块最佳的组合方式。

科研人员在解决了热力学不匹配、动力学陷阱等问题后，对各模块进行不断的测试、组装与调整，最终成功创建了ASAP 1.0，实现了人工淀粉的实验室合成，该途径包含了来自动物、植物、微生物等31个不同物种的62个生物酶催化剂。

在此基础上，科研人员采用蛋白质工程改造手段，对ASAP 1.0中的三个关键限速步骤进行了改造，解决了途径中的限速酶活性低、辅因子抑制、ATP竞争等难题，得到ASAP 2.0，在该途径中，生物酶催化剂的用量减少了近一倍（44%），淀粉的产率提高了13倍。

进一步地，与二氧化碳通过化学法还原生成甲醇的反应偶联，构建出包括一个化学反应单元和一个多酶反应单元的ASAP 3.0，通过反应时空分离优化，解决了途径中的底物竞争、产物抑制、中间产物毒性等问题，建立了生化级联反应系统，淀粉的产率又提高了10倍，并可实现直链淀粉与支链淀粉的可控合成。

可以说，该人工系统将植物淀粉合成的羧化—还原—重排—聚合以及需要组织细胞间转运的复杂过程简化为还原—转化—聚合反应过程。ASAP从太阳能到淀粉的能量效率是玉米的3.5倍，淀粉合成速率是玉米淀粉合成速率的8.5倍。

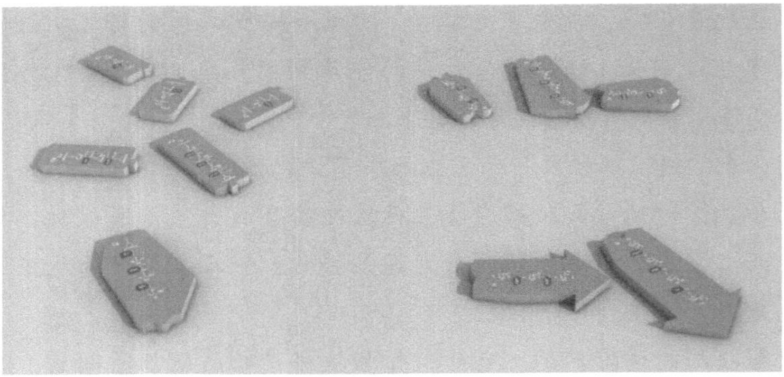

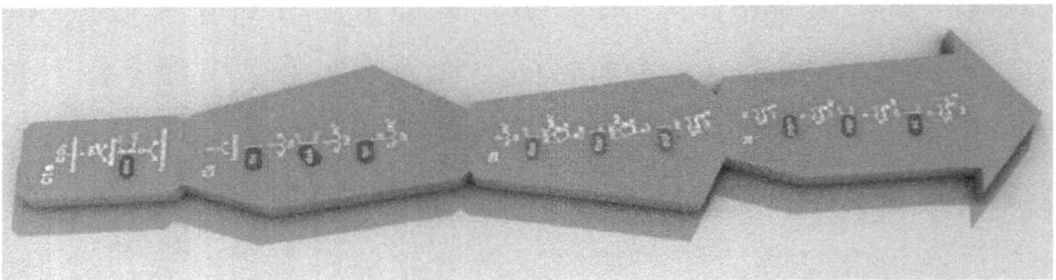

按照目前的技术参数，1 立方米大小的生物反应器年产淀粉量相当于 5 亩土地玉米种植的淀粉产量，这一成果使淀粉生产的传统农业种植模式向工业车间生产模式转变成为可能。工业车间制造淀粉一旦成功，与农业种植相比，将有机会节省超过 90% 的土地和淡水资源，而且可以消除化肥和农药对环境的负面影响，这对提高人类粮食安全水平，促进碳中和的生物经济发展具有十分重大的意义。

可以想象，到时我们所需的淀粉，可以利用空气中的二氧化碳作为原料，通过类似生产啤酒一样的过程，在生产车间中制造出来，这将对未来的农业生产、特别是粮食生产具有革命性的影响，而且对全球生物制造产业的发展具有里程碑式的意义，是一项具有“顶天立地”重大意义的科研成果，是典型的“0”到“1”的原创性突破。

该研究是科研人员从认识自然，到学习自然，再到超越自然的过程。通过学习、研究自然光合作用，使用自然界存在的来源于不同动物、植物、微生物的酶进行理性组合设计，并且耦合化学催化、生物催化的各自优点，创建的一个新型人工淀粉合成途径。

不过，虽然目前设计、创建超越自然的人工生物系统生产淀粉取得了突破性进展，但要真正实现以二氧化碳为原料工业制造淀粉，依然任重而道远。相信在科研人员的不懈努力下，未来的“淀粉生产工厂”并不遥远。

第四章

基于“问题式学习（PBL）理论”对高中生物学核心概念进行科学解释例析

就像第二章曾经提及的，“PBL（Problem-Based Learning）问题式学习”是真实性教学中一种常见方法。简单地理解，PBL 就是教育者通过“问题”的设计与解决过程，帮助学习者达成深度学习的状态。毫无疑问，从这个角度讲，PBL 的核心在于“问题”设计！

既然核心如此明确，那我们就从“问题”入手。

和很多人理解的不同，其实课堂教学中的“问题”是可以包罗万象的，从这个角度，我们可以给“问题”下一个基本定义，即问题是指疑问或质疑或者是不确定的事件，所以必须要被发现和解决。我们每天的工作和生活中都充满了不能立即决断的不确定状况。例如，为了避免交通堵塞，应该选择哪条路线去上班？如何才能买得起心仪的房子？如何才能快速财富积累？将新产品推销给目标用户的最有效策略是什么？我们如何才能不用大幅增加成本就能增强某种材料的耐用程度？我们应该选择何种医疗保险项目？……这些问题都是当前不确定而需要解决的。这些问题各不相同，从简单的算法问题到棘手的复杂社会问题，例如如何减少校园暴力问题，如此繁复的现实问题将来都有可能成为学生会实际面临的问题。通过现在的教育教学帮助学生意识到发现和解决问题的重要价值，并通过有效的训练获得一些解决问题的方法和逻辑，当在未来面对现实问题时有一定的能力面对、处理甚至解决问题，正是我们在课堂上采用“问题式学习（PBL）”的意义所在。

从“问题”本质上讲，发现和解决问题必须能带来社会、文化或者智力方面的价值。也就是说，大家认为这个问题值得解决。只有当人们“感觉有需要”或者有决策困难的时候，问题才成为问题。亦即，大家认为这个疑问值得回答。在课堂上设计“问题”，这一点尤其需要老师们注意。

从教育教学的角度分析，“问题解决”主要是一种认知过程。甚至更激烈一点说，教育唯一真正的认知目标就是解决问题，原因如下：

1. 问题解决是最真实的，因而也是学习者能够投入的最相关的学习活动，也是 21 世纪的一项基本技能，特别是在现实中采用传统的和革新的方式解决各类问题的能力，以及识别和询问重要问题，以明晰各种观点，寻找出更好解决方案的能力。

2. 研究表明在解决问题的情境下建构的知识更容易被理解、被保留，所以更易于转化。

3. 问题解决要求有意义的学习。为了能够有效解决问题，学习者必须有目的地去了解问题发生的系统或者情境。只有学习者具有学习的动机和意识，有意义的学习才会发生。人类所有的行为都是目标驱动的。我们的学习目标越明确，我们的学习就会越有意义。

4. 生命是短暂的，用于学习的时间是有限的。所以，为什么不充分、高效地利用时间呢？

5. 如果知识只是被回忆而没有应用到一些真实的任务中，很快就会被忘记，也就不能被有效应用，并且大多数学科知识在很短的时间内就会过时。所以，教育的主要目的应该是使学习者投入问题解决的情境并支持他们学会解决问题。

在每天的生活和学习中，每个人遇到的问题及其解决问题的方法策略都显著不同（学习者对待课堂中的问题亦是如此）。研究者将影响问题解决的因素归为外因和内因两种。外因与问题本身的属性有关，而内因与问题解决者的特征有关，例如他们的先前经验、知识储备或者解决问题的方法策略等。问题解决随外因（指问题本身的性质）和内因（指人类如何构想和解决问题）的不同而不同。下面我们首先讨论一下影响问题解决的外因，然后再论述对问题解决来说至关重要的内部因素。

◆影响问题解决的外因

研究者认为问题有两大外部特征：抽象性和连续性。抽象性是指内容表征和问题情境有助于从一个问题到另一个问题解决的类比迁移，也可能对之形成阻力。很多课堂内嵌入在各种学习情境中的问题比日常生活中碰到的问题更加抽象。连续性是指问题属性保持不变或者随时间而改变。高连续性的问题更容易解决和迁移。

将问题进行分类的主要理由是假设解决不同类型的问题需要不同的技能。假设解决不同类型的问题需要不同的技能，那么学会解决不同类型的问题就需要不同形式的教学。为了更好地理解问题与问题之间有何不同，下面将问题描述为五大外部特征：

1. 结构

各类问题的最大区别主要体现在结构的连贯性方面：良构问题和劣构问题。教育教学中的大多数问题都是良构问题，而日常生活或工作中遇到的问题大多属于劣构问题。教育教学中的良构问题一般在教材的章节后面或者考试中，这些良构问题呈现了解决问题所需的全部信息；它们要求应用有限的、规律性的外部规则或原理，而这些规则或原理都已预先规定好、组织好；拥有正确的收敛答案；并且提供了规划好的解决过程。这些问题被认为是已被转换好的问题，它们包括良好定义的初始状态，已知的目标状态和一系列限定好的逻辑操作符。劣构问题是在日常生活或工作中碰到的，所以它们通常是突发状况并且不能自成体系。劣构问题被定义为劣构是因为有一个或多个问题要素不清楚或者有某种程度的不确定性；它们拥有多种解决方案、多种解决途径或者一种解决方案也找不到；它们拥有多种评价解决方案的标准，所以不确定用哪种理论、规则或原则来解决问题并且应该如何组织；它们常常需要学习者作出判断，表达个人观点或者想法。问题结构在很大程度上和问题情境有关。即良构问题更加抽象化和去情境化，并不依存于任何特定情境，更多依赖于用户事先定好的规则。相反，劣构问题更多根深存在于日常生活或工作情境中，这使它们更多依附于社会、文化和组织所形成的信念系统。

2. 情境

日常生活中的真实问题大多是劣构问题，所以情境在对该类问题的认知中扮演着非常重要的角色。问题所发生的情境是这类问题不可分割的一部分，也必然会成为解决方案的一部分。运用真实问题解决的模式进行课堂实施需要特别注意问题情境的设计。

3. 复杂性

问题会因复杂性的不同而不同。复杂性是内因和外因相互作用的结果。问题解决的复杂性受问题解决者与问题交互程度的影响，部分原因由问题解决者解决此类问题的经验、问题的重要性（问题对问题解决者来说的重要程度及是否富有意义）和紧迫性（问题需要在多长时间内解决）决定。问题解决者针对各种因素所做出的选择取决于被解决问题的难度。劣构问题更难解决，部分原因是它们看起来更加复杂。问题越复杂，学习者要选择一种最好的解决方法就越困难。还有，问题解决者用不同的方式来表征复杂问题就会产生不同的解决方案。

4. 动态性

动态性可理解为问题复杂性的另一个维度。在动态问题中，各变量或因子之间的关系随时间的改变而改变。某一因子的改变可能引起其他因子的输出变化，而这常常在实质上改变了问题的属性。日常生活中的很多真实问题是动态的，因为它们的条件和情境会随着时间的改变而改变，使它们转变成了不同的问题。这种交互作用越错综复杂，问题的发现和解决就越困难。劣构问题比良构问题更具动态性，良构问题趋于静态。

5. 领域特殊性

问题和问题解决的最后一个属性是问题所在的领域和情境特殊性。在现代心理学中，有一种共识，特定领域中的问题依赖于该领域特定的认知策略。不同领域特定的认知策略也常常被认为是解决该领域问题的有力方法。例如不同学科领域的学生可以通过解决特定情境的、特定领域的劣构问题而学习到不同的推理方式，这些不同的推理方式也更加适用于其特定学科。显然，问题解决也会根据情境的不同而不同。

◆影响问题解决的内因

影响问题解决的内部因素与问题解决者的认知和意动性向（动机和情感）有关。动机和情感在问题解决中扮演重要的角色，学习者的动机影响他们投入和坚持问题解决任务的意愿，此点毋庸置疑，但由于学习者的动机与情感对于教育者来说很难掌握，因此，请允许我们把主要的论述放在认知技能层面。

不管是简单的还是复杂的问题解决，都要用到各种认知技能，这些认知技能必然因个人差异而不同。这些差异包括不同类型的智慧、认知能力和个性特点。我们认为，至少有以下三种主要的个体差异是协调学习者解决劣构问题能力的主要内因：

1. 先前的专业知识

研究认知的学者认为学习者的先前专业知识是问题解决的最重要的决定因素。但是，所有这些研究所使用的都是良构问题。先前专业知识，不仅仅是指问题解决者拥有知识的数量，还有质量。为了解决问题，问题解决者必须拥有很好地整合在一起的具有多重视角、多种解决办法的专业知识。需要注意的是，仅有专业知识对问题解决者来说是远远不够的，学习者需要通过对世界的朴素理解，整合形成更加复杂完整的模型，才能更好地应对现实世界的劣构问题。

2. 先前解决类似问题的经验

经验是鉴别一个人是否是专家的最常见衡量指标。回忆解决各类具体问题的经验是诊断失败与否最常用的策略。当解决问题时，专家首先搜索先前经验并且使用它们，收集先前情境下观测到的一些性状，并且与当前类似的情境作对比。当出现与先前问题（经验）不符的性状时，问题解决者就会基于自己的个人理解进行问题识别，这些理解是基于历史经验的。经验是一种现象，它是通过事故传达的。有经验的问题解决者对相似问题的解决办法形成事故案例库，当学习解决劣构问题时，案例库提供了可行的替代经验的方法。

3. 认知技能（特别是因果推理，类比推理和认知信念）。

将“认知技能”作为影响问题解决的内因之一的假设前提是：不同的问题解决具有不同的认知类型，包括不同的知识、不同的知识表征形式和不同的思考技能。虽然不可能把所有情境下每个问题的思考过程都分离出来并且阐释清楚，但学习者解决问题的认知过程可归纳为：建构问题图式、类比推理、因果推理、论证等。这些认知技能是帮助学习者在解决劣构问题时不断积累经验、不断形成模型，最终达成深度学习的重要基础。

以上的文字可以让我们从更加专业的角度理解“问题”与“问题解决”，可以帮助我们更深刻地理解真实问题解决模式应用于教学实施的重要价值，同时更可以为 PBL 的设计实施提供更加明确的理论基础。

下面让我们把目光重新聚焦到“PBL”。

显而易见，“问题”是激发和引导学生在 PBL 中的学习过程的基本教学材料。PBL 问题通常是复杂问题（真实的劣构问题），可以通过不同方式来解决。“问题”的目的是使学生参与到问题解决中，重新点燃先前的知识，激发讨论，鼓励团队合作，提高自主学习技能，并最终获得相关内容知识。

老师们的一个常见难题是如何区分 PBL 问题与直接提问。简单而言，直接问题较为缺乏真实情境，意味着学生可能不能真正理解他们所学内容的相关性和重要性。学生更倾向于用事实回答直接的问题，换言之，就是关注问题的答案，忽视作答过程，忽略任何可能的额外学习，因此，直接问题的缺点就是它可能无法帮助学生实现与问题相关的所有学习目标。而 PBL 问题的目的不仅仅是帮助学生获得问题的事实性答案。PBL 问题比直接提问更能鼓励学生进行自主、合作和反思学习。我们预斯解决真实问题能帮助学生更好地为未来世界做准备，鼓励深度学习，有助于知识获得，并提供机会学习问题解决和获得“学会学习”的技能。而且，它有助于情境化学习，从而形成有意义的学习。

即便老师们理解了 PBL 问题的价值，在具体实践中也可能会凭直觉设计问题。问题设计的随意性会大大降低 PBL 的教学效昊。为了更好地帮助老师们设计 PBL 问题，首先请大家随我们一起换一个新的思考问题的角度：即“从学生如何使用问题着手”。实践的经验告诉我们，问题的结构是学生接近问题的关键，在着手解决问题前，学生倾向于从每一个方面分析问题，如标题、关键词和任何识别学习问题的线索。问题结构的要素可以分成：内容、背景、任务、呈现。问题的内容是指问题焦点，反映了教师预期的学习目标。它呈现的方式旨在能产生更多驱动性问题来指导学生学习。问题的背景是指问题所嵌入的背景或情境。它通常是复杂的、结构不良的且体现了学生所学的在真实生活中的应用。任务是指问题所期待的产出。任务在本质上通常是真实的，可能是以（但不限于）报告、建议书或简报呈现。第四方面，呈现，是指问题的情节、特征和形式，也就是问题是如何撰写并传递给学生的。

一般而言，问题的有效性与否可由学生是否能达成学习结果或功能特征来决定。为了让大家更加明确如何有效地设计 PBL 问题，下表中所显示的“问题的三个维度”可以帮助大家开一个好头儿。

结构要素	问题特征	功能特征
内容	相关	促进自主学习
背景	熟悉	鼓励合作
任务	难度	鼓励阐释
呈现	清楚	激发兴趣
		激发批判推理
		导向学习议题

显然，设计问题肯定不止一种方法，而且可以通过多种路径获得相似的效果。通过改变结构要素或问题特征，问题的功能特征预期的变化也能达到，关键是要保证问题能朝着预期的功能特征或结果发展。

接下来，我们讨论 PBL 制定的步骤。

（一）系统设计 PBL 的问题

系统设计一个问题包括 5 个基本步骤。值得注意的是这些步骤不一定是线性的，往往是同步进行的而且是迭代的。具体包括：

1. 研究学习需求

因为学生通常是多样化的，他们可能有不同的先前知识优势，因而在设计问题时，考虑学生的学习需求是很重要的。评估学生学习需求的一种方式是参考学生过去一年的课程和成绩。了解学生起点的位置将有助于估计学生在学习上能走多远。如果需要，可以给予学生额外的“脚手架”或资源支持（关于用额外“脚手架”支持学生的解释可参见维果斯基“最近发展区”的理论）。

2. 明确内容 / 目标

在指定内容时，学习目标应该是具体的、可测量的、可达成的、相关性的、依赖时间的，即 SMART。具体的学习目标是指目标是清楚的，也就是期望学生实现什么或证明什么是非常清楚的。为了表明具体的学习目标，教师可以使用布鲁姆学习目标分类，将目标分为：（1）认知目标；（2）行为目标；（3）情感目标。可测量是指可以用一些评价形式来评价学习目标是否达成，以及达成程度如何。可达成是指学生是否能达成目标，这一点取决于学生先前知识是否足够充分。相关性是指目标于所选的课程 / 科目 / 学科的适合程度。依赖时间是考虑达成学习目标所需要的时间。

3. 选择情景

学习目标已经确定，接下来将是探索与这些目标相匹配的各种现实环境。真实世界情境的来源可以是新闻、杂志文章、研究发现和采访，这些都描绘了所讨论内容在真实世界中的应用。如果真实生活背景太复杂，可以简化问题以帮助学生关注关键议题。正像前文的论述，根据问题情境和呈现的方式，我们可以将问题界定为结构良好（良构问题）或结构不良（劣构问题）的问题。一般性的指导原则是当学生第一次接触 PBL 时，问题设计的复杂性和结构应该降低，另外，必须给学生提供指导或“脚手架”，以帮助他们学会如何处理给定问题的复杂性和结构。问题的真实性取决于许多因素，如学生使用 PBL 的经验、学生对内容和背景的先前知识、解决该问题可用的时间等。

4. 设定任务 / 预期

系统设计 PBL 问题接下来的一步就是选定任务，也就是确定学生需要做什么。任务应该提供超过一种的正确答案，考虑多样的视角、解决问题和讨论的不同方法，这样的任务能让学生参与并导向更好地学习。明确任务的另一个优势是学生可能会变得积极参与，因为任务通常需要学生把自己视为问题情境的一部分，所以学生能更好地投入问题解决中。我们也建议给学生的任务在本质上是真实的，就像在真实世界一样，真实任务也为真实评价提供了一种途径。综合起来，真实背景、任务和评价会一起帮助学生领会到他们学习的价值。

5. 整合问题

问题的结构要素需要整合。问题撰写的过程就像写故事。撰写问题时需要考虑四个方面：（1）情节、情景设置和人物；（2）思路和语言的清晰；（3）呈现形式；（4）吸引眼球的标题。在形成问题时，教师可以从情景设置着手，并引入角色来叙述情景。为了确保学生能与所选的情景相关联，必须注意背景、时间、地点、情节和特征与学生相关且是他们所熟悉的。尽管情景要有趣，但并不意味着学生是为了娱乐。书面呈现方式比较常见，给了学生一个具体的起点，但学生通常不喜欢读长的段落，如果可能，建议教师用简短的句子，增加可读性。学习中也提倡用不同形式，如文本、视频和多媒体，来满足学生的多种学习风格，增加多样性。我们推荐在PBL问题中使用多媒体提供更丰富的、交互的情景。最后，拟一个与内容相关又吸引眼球的题目总是好的，这样在一开始就能引起学生的兴趣。这和一本书或一部电影的标题的目的是一样的，它提供了与问题相关的信息并建立预期。

（二）评价问题

一旦问题完成，甚至在问题撰写过程中，教师就可以尝试去评价问题。教师可以用下框中的检查表或者相似的评价工具对问题质量进行评价。

PBL问题评估检查单

评估PBL问题

- 我清楚我的学生的困难，例如学习风格的需求和其他利益相关方的需求。
- 我制定了具体清晰的学习目标或议题。
- 我考虑过不同的背景并选择了合适的背景。
- 我讲清楚了学习预期。
- 我以合适的形式呈现问题以使之足够清晰。
- 问题能吸引学生充分参与。
- 问题允许从不同的途径推进。
- 问题允许团队合作。
- 问题鼓励批判性推理。
- 问题鼓励自主学习。

评价任何问题有效性的基本标准是验证 PBL 问题的三个维度（结构要素、问题特征和功能特征）。让有经验的同事来审核问题是很有用的方式。在学习后搜集学生的反馈也是值得推荐的。这能帮助教师理解如何设计更好的问题，对问题进行复审以备后用。制定一个问题通常是不断反复的过程，包括多轮评估和问题审查。

通过以上对“问题”“问题解决”和“PBL 理论”的描述，相信大家已经对“PBL 理论”的重要价值有了一个概括性的了解。下面请大家继续随着我们的文字回到本章的主题：基于“PBL 理论”有效地帮助课堂实现“运用真实问题解决的模式进行课堂实施→高中生物学核心概念的教学解释→高中生物学核心概念的科学解释→学生高阶思维能力的发展→核心素养的提升”这一教学与学习实施链条。

下面请允许我们以“教学实例”呈现的方式，具体体现“PBL 理论”如何帮助高中生物课堂实现运用真实问题解决的模式进行课堂实施，进而实现科学解释高中生物学核心概念、促进学生高阶思维能力发展、提升学生核心素养的过程。

实例 1：在“光合作用”的教学中渗透物质与能量观及科学思维教育，对高中生物学核心概念“细胞的生存需要能量和营养物质，并通过分裂实现增殖”中“细胞的功能绝大多数基于化学反应，这些反应发生在细胞的特定区域”主题进行科学解释的设计。

（实例提供者：张超老师）

本文提示：将光合作用作为生命同化作用的实例进行教学，分析光合作用的物质、能量变化，认可光合作用“利用光能，以二氧化碳和水为原料合成有机物并释放氧气”的事实。再引导学生从物质、能量、条件等不同角度进行论证分析，促进学生科学思维的发展，并促使学生认识到“物质与能量”生命观念对于理解生物学知识的价值。

物质与能量是生命得以生存与延续的重要基础，物质与能量观更是中学生物教育要向学生渗透和阐释的一个重要观念。运用“物质与能量”这一生命观念帮助学生从生命本质的角度去理解“光合作用”的价值，对于学生学习本部分知识至关重要。

科学思维是指尊重事实和证据，崇尚严谨和务实的求知态度，运用科学的思维方法认识事物、解决实际问题的思维习惯和能力。学生科学思维的发展并非一蹴而就，这需要学生在学习过程中逐步发展，帮助学生建立科学思维意识，培养学生的科学思维能力，教师应该选择适当的课题，提供生物学事实和证据，促进学生针对科学事实和证据，运用归纳与概括、演绎与推理、模型与建模、批判性思维、创造性思维等多种方法，从不同角度进行探讨、阐释生命现象及规律，审视或论证生物学社会议题。“光合作用”课题恰好是培养学生科学思维的重要载体，本课旨在针对光合作用“利用光能，以二氧化碳和水为原料合成有机物并释放氧气”的科学事实，通过教师的有效引导，帮助学生从物质、能量、条件等不同角度充分认识有关光合作用的科学知识，发展学生的科学思维。

基于以上两个方面的认识，作为光合作用课题的第一课时，本课具体教学实施过程如下：

1. 从异化作用实例的角度复习呼吸作用的物质变化与能量变化过程，引发学生关注作为同化作用实例的光合作用的物质与能量变化。

教师引导学生回顾作为异化作用实例的呼吸作用的以下相关问题：

（1）呼吸作用的物质变化实质：将有机物氧化分解。

（2）呼吸作用的能量变化实质：将有机物中的化学能进行释放，其中一部分转化成为 ATP 中活跃的化学能，一部分以热能的形式散失。

（3）呼吸作用的场所：有氧呼吸的场所为细胞质基质与线粒体；无氧呼吸的场所为细胞质基质。

并以上述复习回顾为基础，引导学生思考：作为同化作用实例的光合作用其物质变化与能量变化的实质。由于光合作用的课题学生在初中时有所接触，因此，以复习呼吸作用的物质变化与能量变化作为课题切入点，有助于学生从更为深入的角度回顾光合作用的知识。在这样的回顾中，学生可以比较容易地回忆起光合作用的场所为叶绿体，并分析出光合作用的物质变化是：二氧化碳与水等无机物转化为包括葡萄糖在内的各种有机物并释放氧气；光合作用的能量变化为：光能最终转化为储存在有机物中的化学能。

在学生回顾与分析的基础上，教师可以帮助学生将光合作用物质变化、能量变化、代谢场所等转化为反应式，如下：

$$6CO_2+6H_2O \xrightarrow[\text{叶绿体}]{\text{光}} C_6H_{12}O_6+6O_2$$

并说明，为了方便研究与分析的便利，以葡萄糖分子作为光合作用产物中众多有机物的例子，书写在反应式中。

2. 从光合作用反应式入手，从物质、能量、条件 3 个角度运用科学思维方式，对光合作用的过程进行分析。

2.1 从物质角度分析光合作用

教师引导学生观察光合作用的反应式，以问题：“氧气中氧原子的来源？”引导学生从物质的角度思考光合作用的过程。

教师展示在科学史上鲁宾、卡门所做的实验，供学生讨论与分析，材料如下：

1941 年，鲁宾和卡门制备了含有少量同位素 ^{18}O 的碳酸氢盐和水，并用以供给照射的小球藻培养物。然后分析产生的氧，他们发现产生的 ^{18}O 的比率是和水的比率相称，不与碳酸氢盐的比率相称。如图 4.1：

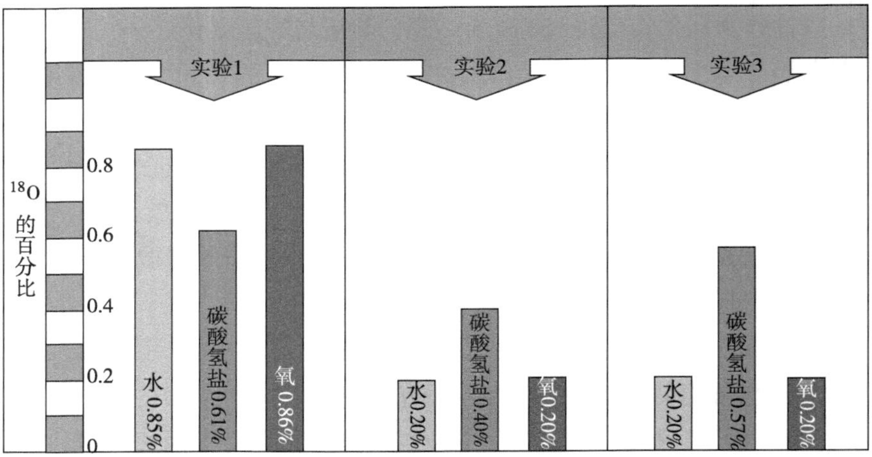

图 4.1　鲁宾、卡门实验结果[2]

通过材料分析，学生可以得出：在光合作用中，产物氧气的氧原子全部来源于原料中的水。

根据这个基于科学史材料的实验分析，光合作用物质变化的实质可以被进一步补充修改为：二氧化碳与水等无机物转化为包括葡萄糖在内的各种有机物并释放氧气，其中氧气中的氧原子全部来自于水。

在得出这样结论的同时，马上就有同学提出了反应式中存在的问题，即如果光合作用产物中氧气的氧原子完全来自于水，那么反应式就是存在错误的，因为反应式中配平后的 6 分子水无法保障产物中产生 6 分子氧气。

讲求实证、批判式思维、引发新的疑问并进行深入学习与思考，正是科学思维的本质，面对学生的质疑，教师不必在本课急于给出答案，可以将更多的空间留给学生，在鼓励学生发现问题的同时，引导学生如何解释和解决这个新问题。比如，面对这个新问题，还能否运用“一步反应”的思考模式去解释光合作用过程？再比如，如何改进反应式才能得到合理解答，而改进后的反应式又该运用怎样的方法加以证明呢？……新问题的产生与思考过程不但对于学生的科学思维发展大有裨益，从误程的角度讲，这样的问题提出与思考过程，也为“光合作用过程”课题的学习做好了水到渠成的铺垫工作。

2.2 从能量的角度分析光合作用

关于光合作用中的能量变化，学生可以分析出起点：光能，终点：有机物（在反应式中是葡萄糖）中的化学能。教师可以在这个基础上引导学生对这一问题进一步进行深入分析。

从常识的角度思考，学生知道光能不可能轻易地直接转化为葡萄糖中的化学能，教师可以从大逻辑的角度引导学生理解光合作用过程中能量的转化过程至少会包含以下阶段：

光能 ⟶ 被吸收 ⟶ 转化为葡萄糖中的化学能

接下来，教师进一步引导学生的思维从大逻辑角度向更为细节的角度深入——“光能怎样被吸收？”“什么物质或结构吸收光能？”“又如何才能转化成为葡萄糖中的化学能呢？”……——并提示学生从自己现有的物理、化学知识出发，去尝试解决这些更为细节的问题。

学生的物理、化学知识可以帮助他们尝试解决“光能怎样被吸收？”“什么物质或结构吸收光能？”等问题。面对“光能怎样被吸收？”与“什么物质或结构吸收光能？”的问题，学生很容易运用“色素吸收可见光”的物理学知识得出叶绿体中可能存在色素的推论，关键问题是，如何“证明”叶绿体中确实存在这些可以吸收光能的色素。很快，学生运用已有的化学知识，提出了可以分别使用水和有机溶剂尝试将叶绿体中的色素溶解出来，并合理运用结晶、过滤、萃取、离心、蒸馏等物质分离与提纯的方法将可能是混合物的色素进行分离提纯，然后通过化学分析的方法分析这些物质的化学本质，从而得出叶绿体中的某（些）物质或结构可以吸收光能的结论。

学生的思维方向很好，教师可以在这个环节充分给予学生思考的空间，促使他们运用已有科学知识去尝试解决未知的科学问题，并在适当的时候给予合理的帮助。教师要能够参与到学生的讨论中去，在必要的时候提供帮助。如与学生共同讨论不同物质分离与提纯方法的原理与适用范围，如提供更多、更有效的物质分离与提纯手段，丰富学生的思考空间，如补充提供并讲解纸层析法、双向纸层析法的原理与方法等。

如果有条件（比如具有完善的实验室和具备连堂课的条件等），可以将学生讨论的成果现场转化为实际的动手操作，为学生准备必要的物理设备（如光源、分光镜等）、化学试剂、生物材料，让学生体会到从科学思维解决问题转化为科学动手解决问题的美妙与乐趣。

2.3 从条件的角度分析光合作用

“对于植物来说，叶绿体是光合作用的场所”是学生初中就耳熟能详的知识，但作为光合作用重要条件的叶绿体，如何证明其就是光合作用的场所呢？教师可以抓住这个对于学生而言甚至属于常识的要素，提示、引导学生进行理性地科学分析。

学生很容易想到的方法是将叶绿体单独获取出来（这个方法并不难，可以选择运用差速离心的方法），然后在人工条件下，看其是否能够单独完成光合作用。面对这个方法，教师予以鼓励的同时，需要提醒学生注意，这个方法能够说明叶绿体单独可以完成光合作用，但从科学的角度讲，并不能完全证明植物体中光合作用的场所就是叶绿体，想要证明植物细胞中光合作用的场所就是叶绿体，还需要更为直观、准确，确保植物细胞完整的实验方法。

教师可以提供科学史中恩格尔曼的实验供师生共同讨论。材料如下：

1880 年，恩格尔曼用水绵进行了光合作用的实验（图 4.2）：

把载有水绵和好氧细菌的临时装片放在没有空气的黑暗环境里，然后用极细的光束照射水面，通过光学显微镜观察发现，好氧细菌向被光束照射到的叶绿体部位集中；如果上述临时装片完全暴露在光下，好氧细菌则分布在叶绿体所有受光部位的周围。从而证明：氧是由叶绿体释放出来的，叶绿体是绿色植物进行光合作用的场所。

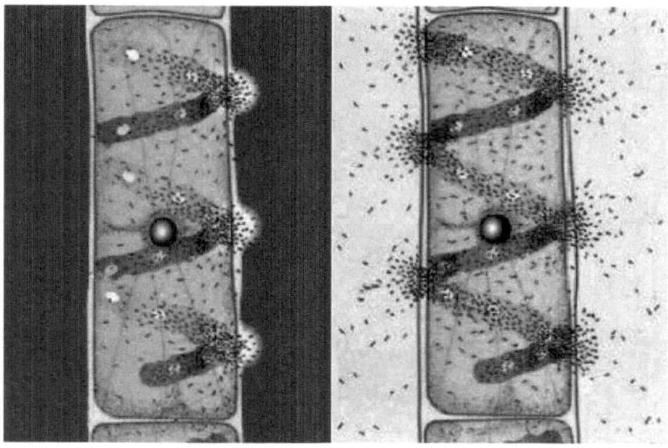

图 4.2　恩格尔曼实验示意图

从恩格尔曼的实验中，不难看出，无论是其对材料的选择（水绵，水绵的叶绿体呈螺旋式带状，便于观察），还是其对自变量的操作（用极细的光束）、因变量的观测（选择使用好氧细菌的聚集）和无关变量的控制（黑暗环境、无氧条件等）都是非常精妙的，这样的科学思维、这样的实验设计是非常值得学习和借鉴的。

3. 总结与反思，通过 3 个不同角度对光合作用进行分析，发展学生的科学思维，渗透了“物质与能量”的生命观念，并为“光合作用过程”课题做好铺垫。

从物质、能量、条件 3 个角度对光合作用进行分析，不但可以帮助学生回顾光合作用的已有知识并将已有知识系统化，更可以促进学生“从不同角度探讨、阐释生命现象及规律”科学思维的发展。

分别以呼吸作用与光合作用作为新陈代谢异化与同化作用的典型例子，并从物质、能量等角度对它们进行分析，不但有助于学生从更为本质的角度理解和思考呼吸作用与光合作用的价值，更有助于学生拓展运用“物质与能量”这一生命观念认识更多的生命现象。

通过从物质、能量、条件等不同角度对光合作用进行深入分析，学生从更深层次认识了光合作用，同时也提出了更新的疑问，带着这些疑问与推测，学生会对进一步学习光合作用的具体过程充满期待，这样的疑问与期待为后续“光合作用过程”课题做好了铺垫，更为最终运用光合作用的知识解释生活中的现象、解决生产中的现实问题打下了良好的基础。

实例 2：运用“问题式学习（PBL）理论”，对高中生物学核心概念“遗传信息控制生物性状，并代代相传”中“由基因突变、染色体变异和基因重组引起的变异是可以遗传的”主题进行科学解释的设计。

（实例提供者：王俊炜老师）

本文提示：本节课以异常血红蛋白引起的镰刀形细胞贫血病为切入点，通过引领和结合前面所学及病理研究的科学史，分析得出这是由于基因内部碱基对的改变而带来的蛋白质的结构异常，进而引起的功能性异常，引入课题——基因突变。再通过列举相关的各种血红蛋白分子病的事实，讨论分析基因突变的类型、结果、影响、特点、原因的问题。之后积极运用所学的基因突变的知识，尝试解决生活实际问题，诱变育种和基因治疗。

教学环节	教师问题设置	学生活动	设置意图
导入： 介绍血红蛋白的结构和功能	演示文稿展示， 引领解读与回顾	阅读、分析、梳理	复习巩固“基因控制蛋白质的合成”及蛋白质的功能与其空间结构有关
环节一：展示镰刀形细胞贫血症病因的研究历史	演示文稿展示，引领分析， 设问： 正常人和患者的血红蛋白是否存在差异？ 血红蛋白异常的直接原因？ 血红蛋白异常的根本原因？	利用所学分析、归纳、阐明	明确基因内部碱基对的改变引起基因结构的改变，进而引起蛋白质结构的改变，从而导致蛋白质功能的异常，即可遗传变异的来源——基因突变（生命观念），引入新课
环节二：列举各种血红蛋白分子病	指导学生小组合作学习，引领问题的分析和展示， 设问： 引起基因突变的碱基对的改变有哪些？ 基因突变会使肽链发生哪些变化？ 基因突变一定会对性状产生影响吗？ 基因突变具有哪些特点？	利用生物事实资料，小组围绕课题讨论、分析、尝试给出理性解释	基于尊重事实和证据，运用科学的思维方法、归纳与概况，探讨与阐释基因突变的类型、影响、结果、特点的问题（科学思维）
环节三：列举射线、5－溴尿嘧啶（亚硝酸盐）诱导基因突变	引领分析基因突变的原因和机制	运用有关 DNA 复制知识尝试解读	基于对 DNA 复制的了解，演绎射线或者化学物质引起基因突变的过程
环节四：基因疾病的治疗	展示有关基因疾病的治疗方案， 设问： 若基因突变使原基因不发挥作用时，可如何治疗？ 若原基因突变后表达带来不好影响的蛋白质时，可如何治疗？	运用所学尝试分析、解释	运用生物学知识和方法，关注社会议题（基因治疗、基因编辑），尝试对现实生活问题作出理性解释（社会责任）

续表

教学环节	教师问题设置	学生活动	设置意图
环节五：育种上的应用—诱变育种	展示文稿，引领关注诱变育种，分析育种方式的优缺点	分析、阐述	尝试结合基因突变的知识，关注太空育种，解释诱变育种的机制和优缺点

实例3：以“乙烯在果实成熟中发挥怎样的作用”作为核心问题，对高中生物学核心概念“生命个体的结构与功能相适应，各结构协调统一共同完成复杂的生命活动，并通过一定的调节机制保持稳态”中“植物生命活动受到多种因素的调节，其中最重要的是植物激素的调节”主题进行科学解释的设计。

（实例提供者：孙啸晨老师）

本文提示：本节课采取了提出问题、做出假设、设计探究实验并预期实验结果的方式帮助学生从现实生活出发，分析乙烯在果实成熟中发挥的作用。通过自主阅读、思考的学习方式，阐明乙烯发挥作用时的信号转导机制。最后总结乙烯与其他植物激素间的协同、拮抗关系，再次构建“稳态与平衡”的生命观念。

本节课以“乙烯在香蕉成熟中的作用”的科学情景作为核心问题，说明乙烯在农业生产中的应用、乙烯的调节机制和乙烯与其他植物激素的协同、拮抗等相互作用方式等相关问题，以完成课标的要求。

本节课的基本问题层次安排如下：

核心问题：乙烯在果实成熟中发挥怎样的作用?

1. 从多个角度，描述香蕉在成熟的过程中都会发生哪些变化?

2. 香蕉的口味变甜了，说明香蕉细胞内部哪种物质增多了?

3. 可溶性糖含量的变化和淀粉含量的变化是否存在联系？联系是什么?

4. 绘制乙烯信号转导分子机制的模式图，并表达乙烯作用的分子机制。

5. 适量使用植物激素对人的健康是否会产生不利的影响？为什么?

6. 在果实成熟的过程中不同种类植物激素的动态变化表现出怎样的特点?

教学流程示意图如下：

上课：用科学解释促进学习

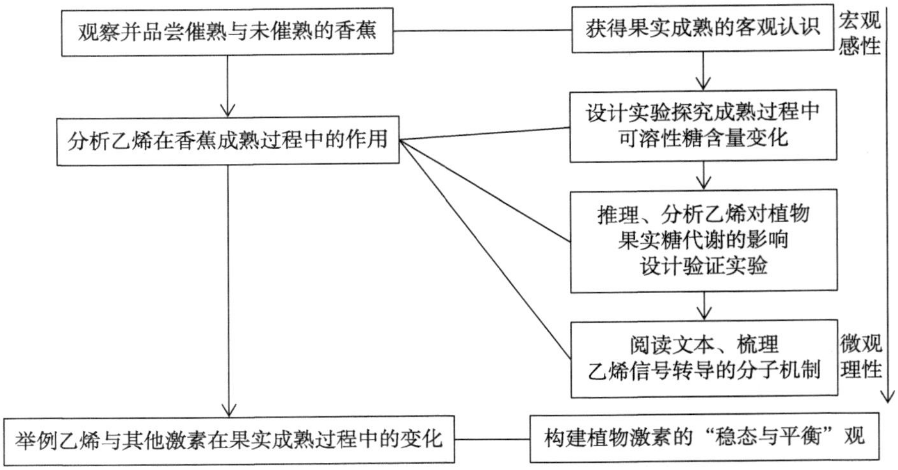

以核心问题为线索，联系现实生产实际、激发学生的学习兴趣，逐步构建生命观念中“稳态与平衡”的生命观念。具体教学过程见下表：

教学环节	教师问题设置	学生活动	设置意图
引入：学生活动一，观察并品尝乙烯催熟的香蕉和未催熟的香蕉。	观察并品尝乙烯催熟香蕉和未催熟的香蕉。 提出要求： 从多个角度，描述香蕉在成熟的过程中都会发生哪些变化？	观察、思考、表达	科学探究的过程始于观察、调查和实验等多途径获得的事实。从真实的生活情境出发，让学生运用视觉、嗅觉、味觉、触觉对成熟的水果进行全方位地观察，引入新课。
教学环节一：学生尝试设计实验、探究果实成熟过程中物质的变化。	规定学生将问题聚焦在香蕉的“口味”变化上。 提出问题： ①香蕉的口味变甜了，说明香蕉细胞内部哪种物质增多了？ 提出要求： ②你能不能尝试设计实验进行验证？并尝试预测实验结果。 教师介绍可溶性糖的定量测定方法——蒽酮－硫酸比色法，展示论文实验数据作为证据。	思考、并运用已有的知识来证明成熟的香蕉和未成熟香蕉物质组成上的差异。	聚焦科学探究素养。 从生活中的现象出发，让学生从感性的“甜”，将注意力转移到理性的评价方式，使用“可溶性糖”来评价香蕉成熟过程中糖含量的变化。 该环节中要求学生应用高一关于还原糖鉴定的相关知识、明确需要控制的变量设计实施方案，并对方案实施后可能得到的结果作出预测。
教学环节二：分析数据、推理在促进果实成熟的过程中、乙烯的作用之一是促进淀粉分解为可溶性糖。	展示香蕉成熟过程中淀粉含量的变化曲线。 提出问题： ①香蕉成熟过程中可溶性糖含量的变化和淀粉含量的变化是否存在联系？联系是什么？ ②尝试做出假设，在果实成熟的过程中，乙烯的作用是什么？ ③你能不能设计实验验证自己的假设？ 展示乙烯与淀粉酶活性的论文实验数据作为证据。	分析数据、回忆、推理	聚焦科学思维素养和科学探究素养。 淀粉经淀粉酶分解为还原糖是学生已经具备的生物学知识。依据实验证据中呈现的淀粉含量的上升趋势和可溶性糖含量的下降趋势，学生尝试进行推理和判断。 该环节中还要求学生应用高一关于影响酶活性的环境因素知识、明确需要控制的变量设计实施方案，并对方案实施后可能得到的结果作出预测。

续表

教学环节	教师问题设置	学生活动	设置意图
教学环节三：学生活动二，文本阅读、对乙烯的信号转导的分子机制进行建模。	设问：乙烯信号调节果实糖代谢的分子机制是什么？ 布置任务：阅读文本资料。 提出要求： ①绘制乙烯信号转导的模式图，并尝试表述乙烯的作用机制。 ②分析适量使用植物激素对人的健康是否会产生不利的影响？为什么？	阅读资料、思考、交流、尝试对乙烯信号转导的分子机制进行建模。 小组代表进行阐述、组内成员进行协助、补充，其他小组反馈。	聚焦科学思维素养和社会责任素养。 乙烯的信号转导过程是一个相对复杂的生命现象，信号转导机制涉及到了物质的跨膜运输、基因表达调控、激素的受体等一系列复杂的知识，据此抽提信号转导过程中关键蛋白、梳理蛋白质功能间的联系、建立生物学模型能够帮助学生去认识和解释生物学规律。 在乙烯信号转导的模型建立后，学生可以直接运用模型，对农业生产中适量使用植物激素危害人体健康的社会流言信息进行去伪存真。
总结	设问：在果实成熟的过程中只有乙烯发挥作用吗？ 展示人教版教材 P99 页猕猴桃果实发育和成熟过程中激素的动态变化曲线。 提出思考： 在果实成熟的过程中不同种类植物激素的动态变化表现出怎样的特点？	聆听、认同	聚焦生命观念素养。 归纳和概括其他植物激素的作用、分析植物激素可以通过协同、拮抗等多种方式调节植物的生命活动，帮助学生提升稳态与平衡的生命观念。

附 1：阅读材料——乙烯信号转导的分子机制

一、乙烯受体及其对乙烯信号的感知。

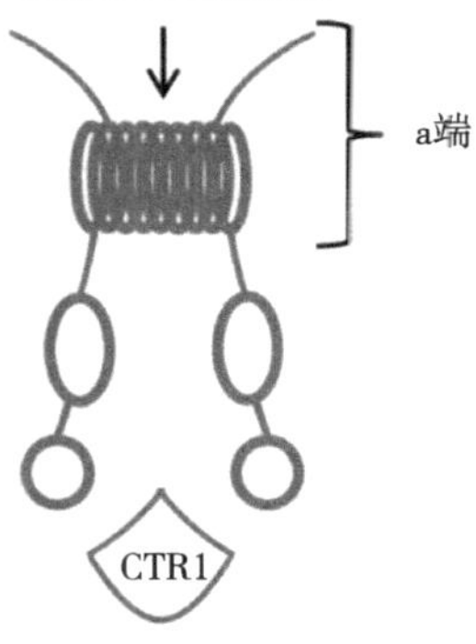

植物细胞可以通过定位在内质网上的受体感知乙烯信号，该受体在结构上包含 3 个主要的区域。具体来说，受体的一端（a 端）涉及乙烯分子的结合、膜的定位等基本功能，中间是一个负责与其他受体相互作用的区域，而另一端则具有一个能与下游信号蛋白 CTR1 相互作用的区域。

不同于我们之前讨论过的任何一种动物细胞受体，乙烯受体在没有乙烯分子结合的时候是激活的，而当乙烯存在时，受体及下游的信号蛋白 CTR1 反而是没有活性的。这是因为乙烯受体下游的 CTR1 蛋白是一种负向调节蛋白。

其负向调节的意义体现在当没有乙烯存在时，CTR1 蛋白可以抑制同样定位于内质网膜上的另一个蛋白质分子 EIN2。

二、EIN2 跨膜蛋白及其谜一样的功能。

EIN2 蛋白在乙烯信号转导通路中处于核心地位。该蛋白在结构上包含两个主要的区域，蛋白质的其中一端帮助 EIN2 蛋白定位在膜上，负责接收乙烯转导而来的信号，而另一端则游离在胞质中，主要功能是进一步激活下游信号转导。

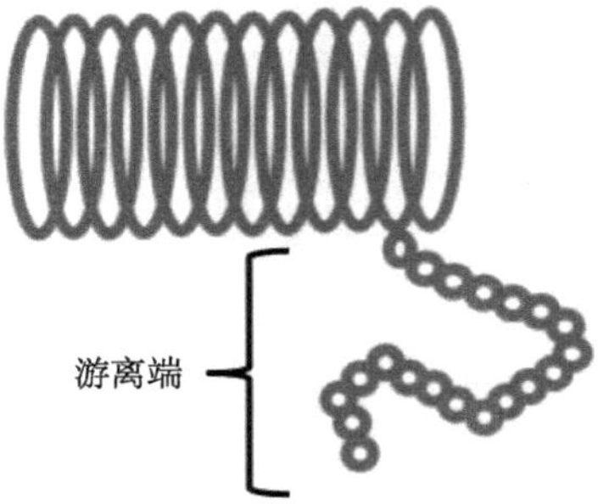

当乙烯结合到受体上后，EIN2 蛋白游离在胞质中的一端将被一种未知的机制切断，断下的部分移动到细胞核中，激活 EIN3 和 EILs 这两种转录因子。

三、EIN3 和 EILs 的转录水平对乙烯信号的响应。

EIN3 和 EILs 都是属于转录因子家族的正向调控因子。转录因子的作用是识别并结合在某些基因的启动子位置、启动基因表达。具体来讲，EIN3 和 EILs 可以识别并结合在 ERF1、EDF1–4 等多种转录因子基因的启动子位置，吸引和稳定 RNA 聚合酶，启动这些基因的表达。而 ERF1、EDF1–4 作为转录因子，将进一步启动所有乙烯应答基因的转录。这些乙烯应答基因所表达的蛋白质将直接影响果实的色素、香气、糖代谢和细胞壁降解等多种性状。

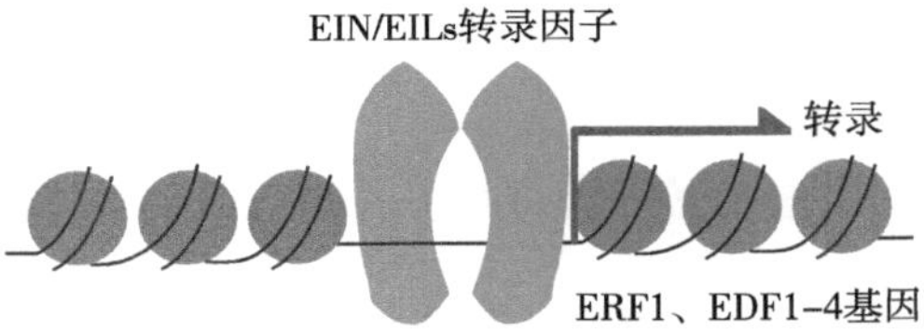

附 2：任务单

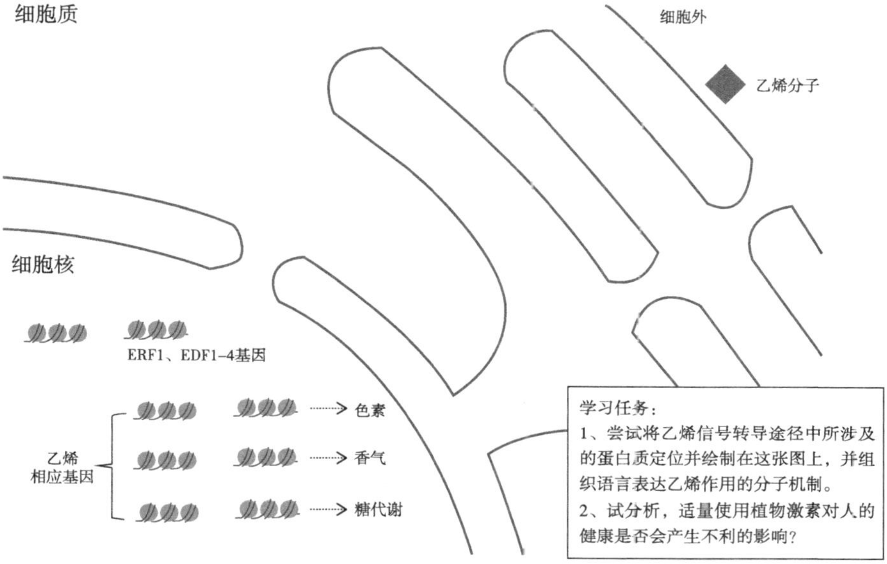

学习任务：
1、尝试将乙烯信号转导途径中所涉及的蛋白质定位并绘制在这张图上，并组织语言表达乙烯作用的分子机制。
2、试分析，适量使用植物激素对人的健康是否会产生不利的影响？

第五章

运用“基于论证的真实性思维（ATA）模型”对高中生物学核心概念进行科学解释例析

学习者能够运用自己的知识解释现象并解决现实问题是非常重要的。但是，我们经常看到，学习者在科学考试中取得高分，却在将学校学习到的知识应用到真实情境方面遇到很多困难。为解决这个问题，科学教育者鼓励学习者在诸如科学探究的真实任务解决中创造和使用自己的知识。学习者需要探索不同的科学现象，形成自己的假设，收集证据支持自己的观点，评价不同的观点，并和其他学习者交流科学发现，而不是为了考试记忆科学概念和原理。为了提高科学探究活动的效率，科学教育者应为初学者提供合适的教学支持，比如问题提示、行动计划、例子和反馈。通过有指导的探究活动，学习者不仅能够深度理解科学概念和原理，包括批判性思维、问题解决、合作和自主学习等多种技能与素养也能够得到发展。

除了有指导的探究外，越来越多的科学教育者强调科学教育和工程技术教育的整合。科学理论被应用在新技术的发展上，新技术也有助于科学家们提出新的研究问题。科学家经常与工程师合作解决现实世界中的复杂问题。按照这个观点，科学教育者认识到，学习者必须参与科学和工程学实践（或设计）以应用他们的科学知识。这意味着学习者需要形成整合的而非孤立的知识，需要形成系统的而非单一的思维模式。

按照以上的思考，我们不仅应鼓励学习者像科学家那样进行探究活动，包括形成和检验解释科学现象的假设，还应鼓励学习者像工程师一样设计和开发各种产品，以满足现实需求或解决现实问题。为达到这个目的，科学探究需要与设计活动系统整合，科学和设计活动的整合可以为学习者提供像科学家和工程师那样思考的机会。

由于科学探究和设计任务都包含复杂的、结构不良的问题（劣构问题），这些问题没有唯一正确的答案，学习者需要具备提供多样的解决问题方法，并通过论证以形成共识的解决方案。这些过程也在科学和工程实践中发生。科学家针对具体的现象创造和证明假设，工程师需要与其同时商讨以决定新产品的设计，通常辅以产品样品的可用性测试、消费者调查和专家意见等方面的支持。为有效开展这些过程，论证核心素养的应用，如区分科学证据与传闻，评价相反观点，至关重要。然而，现实状态中，许多学生的论证素养是比较差的，特别是在区分证据和解释、考虑相反观点方面。为了在教学中给学生提供更多的机会以发展他们的论证素养，“基于论证的真实性思维（ATA）模型”被开发了出来，这个模型旨在促进科学探究和设计活动中的真实性思维。

为了能够将 ATA 模型说清楚，让我们从“论证”开始介绍。

论证是一个“社会性的、智能性的和言语性的活动，服务于证明或反驳某种观点，由旨在获得观众认可的陈述构成”。论证的主要目的是产生一个“问题、议题和分歧的理性的解决方案”。论点是论证的结果，相当于一个基于证据的合理论述或断言。为了给出有效的论点，学习者不仅需要提出论断，还需要用演绎或归纳推理得出的证据支撑自己的论断。论证是一个复杂和迭代的过程，学习者通过创造、提出、批评和评价不同想法，直到最终对有争议的议题达成共识。

论证包含了认知和社会活动。论证的认知方面涉及个体参与认知过程。研究者认为，论证的个体方面是“一个推理的话语过程”，基于对某个给定现象的观点，个体需要将判断和数据联系起来。社会性方面，论证包括因对某一特定问题的立场相冲突而产生的分歧和争论。论证的认知方面和社会方面是不能完全割裂的。像科学家那样，学习者不仅需要提出科学论点，还需要说服其他的学习者。为了支持某一看法，学习者需要精心组织论点，驳斥立场不同的其他观点。经常与其他学习者互动能够提升这些能力。反过来，这种合作的互动能够提升论证的质量，还能够促进高阶思维能力的发展。因此，在辩论学习和为了学习的辩论中，论证的认知方面和社会方面都应得到充分考虑。通过合作式的论证，学习者还可以对论断和反面意见的说服力、证据的真实性和结论的有效性进行评价。学习者在论证中综合不同观点以达成一致，在这个过程中，有利于学习者改变自己的朴素观念，建立新知识。

有研究表明，论证有助于科学能力的发展，这对科学教育中的真实性思维是非常重要的。这些能力包括交流、批判性思维、说话和写作的科学素养、认知标准和推理。因此，在科学教育中，为学生提供分享科学知识和参与论证的机会是非常重要的。

在科学探究中，论证扮演了重要角色，特别是在因果推理、评价假设和交流方面。在科学探究过程中，学习者需要根据科学文献和自身经验提出多种假设来解释科学现象，需要评价不同假设，还需要预测科学实验的结果，解释如何或为什么科学现象会发生，这一切都需要认知方面的论证支持。同样值得注意的是，论证的社会方面可以与科学探究中的合作活动密切相关。和科学家一样，学习者需要用证据支撑自己的判断，并说服其他人赞同自己的判断是有效且可靠的。当学习者通过阐释或挑战其他组员的观点，共同对科学论证作出贡献时，科学探究也能带来富有成效的知识建构。除此之外，参与合作论证还能够促进学习者运用科学语言交流观点及对核心概念进行科学解释的能力提升。

在工程设计过程中，满足消费者需求的产品交付是一项关键环节。需求和标准并不是预先确定的，解决设计问题的方法也没有预先确定的答案。因此，工程师需要发现需求并找到满足这些需求的方法。设计的质量可以通过不同标准来评价，如性能、便利性、安全性、创新性、价格竞争力和其他各种市场需求。为了满足这些需求并且提升设计的质量，工程师努力阐明消费者的需求，在有限资源下探索多种解决方案，并开发和测试样品（或样品模型）。工程师要根据合理的证据来评价自己的设计，并以推理过程来证明自己作品的合理性。为此，有研究者提出了基于论证的设计原理来证明设计决策和解释设计过程。设计任务需要复杂的认知过程，包括“设计思维”，这种认知过程有助于培养决策能力。一个复杂的设计任务要求工程师和其他工程师合作以形成更好的解决方案。因为这样的合作需要克服资源的有限性，拓展技术的可达性，已解决多种观点之间的矛盾冲突，因此，在这种合作中，收集不同专家的观点并与合作者讨论以达到目标是至关重要的。这些过程中包含的讨论和协商需要工程师具备有效的论证技能。协同决策和论证能够帮助工程师建立合理的原则，引导他们的设计过程。

以上的文字可以让我们从更加专业的角度理解“论证”，理解论证之于“科学探究”和“设计活动”的价值。这些专业的理解更可以帮助我们更加深刻地思考“论证”对于科学教育的重要意义和具体价值。有了这样的基础，我们就有足够的能力把目光聚焦到“ATA”上了。

ATA 指的是一个包括论证的教学模型。包含了论证的认知性和社会性两方面，旨在提升现实世界问题解决的真实性思考。ATA 的设计原则包括 ATA 过程、问题和任务、资源和、教学支持。具体见下表。

类别	为提升论证的设计猜想
ATA 过程	真实问题解决中论点产生过程
	评价和总结不同论点的过程
	学习者间合作的过程
问题和任务	结构不良问题
	日常生活背景下任务
资源	可视化工具
	数据库
	模拟
	档案袋
	交流工具
教学支持	认知支持
	元认知支持
	社会支持
	适应性支持

➢ATA 过程

ATA 过程包含与论证相关的认知、社会和元认知活动。论证活动以迭代的形式发生，因为学习者倾向于以复杂和非线性的方式产生、分享、评价和修正论点。为了促进这些活动，教育者需要提供真实的问题解决情境，学习者从中能够产生各种各样的产品或答案。我们应鼓励学习者论证为什么这个问题是重要的，问题包含什么限制条件，什么引起了这个问题，以及为什么某个解决方案是合适的。此外，在这个问题解决的情境里，要求学习者对自己的观点和他人的观点进行比较，并依据共同的标准对不同的观点进行评价，以便产生更有效的解决方案或整合不同观点。这个过程使学习者能够阐明不同解决方案中隐含的假设，认识到自己论点的局限。最后，学习者还需要反思结构不良问题（劣构问题）的解决过程和自己论点的质量。通过反思论证经历，学习者能够认识到自己的论证技能和领域知识的缺陷，为进一步的论证提供了学习的机会。

ATA 还能通过合作与社会互动得到提升。在这种交互中，学习者阐释或挑战其他组员的观点。所有学习者平等参与合作的论证过程是很重要的。如果学习者不经过深入讨论，只是简单地同意或不同意他人观点，同伴互动可能不会导致有效的知识建构和合作的问题解决。为了促进合作的论证，教师可以给学习者提供不同的角色，激发他们对问题或话题的各种观点进行思考。此外，学习者如能在合作活动前独自准备自己的论点，合作的论证则能得到提升。这种预习活动能提升学习者自信，减少其思考时间，从而让学习者更容易地参与合作的论证活动。

包含了科学探究和设计原则的 ATA 过程含有两个子过程：预测—观察—解释（POE）活动和设计—观察—评价（DOE）活动，如下图。

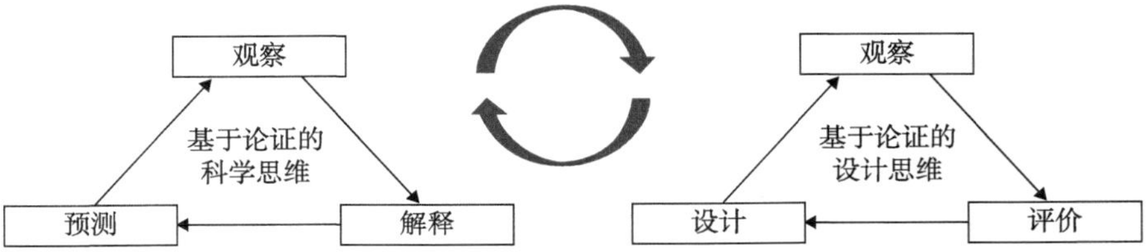

通过 POE，学习者能够在已知的科学原理基础上产生自己的论点，并运用一系列问题作为指南比较这些论点。在现实世界背景下，学习者就某一议题或现象作出预测或形成判断，证明自己预测或判断的合理性，通过观察或收集信息，比较自己的预测与观察结果，运用证据评估自己初始的判断，维持或修正自己的初始想法。在 DOE 中，学习者产生自己的论点和设计，以解决一个真实的设计问题，观察人们如何使用自己设计的产品，评价自己的初始判断和产品在多大程度上符合设计目标和限制。评价之后伴随反复重新设计的过程。在进行科学探究和设计活动过程中，学习者需要产生、论证、比较、计划、监控、反思、分享、协商和挑战自己的论点。

➢ 问题和任务

ATA 模型需要创设学习者能够理解的结构不良问题（劣构问题），这些问题应具有真实情境和有争议的情节特征。结构不良问题需要学习者比较多种观点，收集支持自己解决方案或否决其他解决方案的证据。设计真实情境下的问题能鼓励学习者积极参与论证活动。在真实情境中，学习者能够很好地理解论证目的，并将自己之前的经验和知识作为论证的资源加以激活。有争议的议题可以为学习者提供丰富的原材料，能让其考虑问题利益相关者的不同观点，并创造自己的论点。当学习者能更加容易地产生多种观点时，论证素养就会得到发展。

➢ **资源**

有各种资源可以支持论证，包括可视化工具、数据库、模拟、档案袋和交流工具等。

可视化工具能够帮助学习者阐明论证的组成成分之间的关系，或者论点与对立论点间的关系，如思维导图就是一个可以有效整合论点与对立论点的可视化工具。通过形象化论证，学习者可以开展反思性思考，评价论点有效性。可视化工具还可以通过表明表征抽象概念、不可见物体、数据和假设间的关系，来帮助学习者与其他人交流。

数据库在探索问题的可能解决方案或形成解释某一现象的假设时非常有用。数据库包括多种多样的信息文件，允许学习者以系统的方式储存、组织和检索信息，并对不同视角进行比较和对比。此外，学习者可以通过收集数据并根据关键要素或概念组织数据，建立自己的数据库，然后使用所开发的数据库支持或驳斥论点。数据库还可以为初学者提供更有经验的学习者或专家解决问题的故事，以帮助初学者弥补其在处理问题上的经验缺乏。初学者可以将专家故事作为证据或例子，还可以作为理解有效论点产生过程的指南。

模拟让学习者能够检验不同论点或预测。计算机可作为开发模拟的工具，模仿现实世界现象，允许学习者控制系统的关键变量。运用模拟检验自己的论点前，学习者可以推断多个变量间的因果关系。另外，通过模拟学习者能够收集数据，支持或拒绝备选论点。

档案袋有助于提升论证时的元认知。为了监控和反思论证过程，学习者需要在进行论证任务时记录他们关于判断和证据的决定。例如，“进展档案袋（Progress Protfolio）”就是一款记录探究过程和管理各种判断和证据的软件，这款软件允许学习者记录、再访问和监控来自多个实验的研究过程、证据、发现和判断。当学习者在科学探究或设计活动中反复地产生、监控和回访自己的论点时，这款软件能有效支持元认知活动。当然，在实际教学过程中，教师也可以通过其他方式建立方便使用的“档案袋”模式，指导学习者提升论证时的元认知。

交流工具在支持论证的社会性方面是有帮助的。如在网络学习环境下，学习者能够同步或不同步的相互讨论，合作提出论点。不同步的在线技术

（如讨论区、电子邮件、微信群等）让学习者有充足的时间建构、阐述论点和反思不同观点，同步在线技术（如视频会议等）则让学习者能够通过与其他组员及时回应来共同建构论点。

➢ 教学支持

教学支持类似于提示、线索、“脚手架”和反馈等，对缺乏 ATA 经验的初学者是必要的。教师可以通过挑战学生想法、寻求阐释、引入子话题、转变关注点、改述内容、鼓励参与和管理发言顺序等方法，为学习者提供包括论证的认知、元认知和社会性等各方面的教学支持，帮助学习者达到活动的学习目标。这些教学支持能够提升建构和互动的论证，防止学习者在辩论中偏题和使用错误概念或信息。

为了协助有效的论证，教学支持有必要帮助学生运用有效的证据支持判断，以及将判断与其他观点联系起来。即使学生理解论证中证据的重要性，他们通常还是会在解释复杂数据、运用证据支持判断、解释证据意义等方面遇到困难。另外，很多学生不能考虑到其他不同的观点，也无法整合和自己论点相对立的各种论点。作为认知支持，教师可以解释高质量论点的关键成分，并用具体例子示范如何生成论点，在典型的论点和学生自己形成的论点之间进行比对，以解释学生应该（不应该）做什么，以及为什么这样做，这也有助于发展学生的论证技能。

教师应该鼓励学生积极参与元认知活动以提升他们辩论的质量。教师需要鼓励缺乏论证经验的学习者阐明论证的目的，监控数据收集和解释，反思论证过程和最终成果。元认知提示能够辅助这些活动，如“事先考虑：为了产生高质量论点，我需要……”，“检查我的论点：我没有考虑的观点有……”。此外，可以通过元水平的反馈培养学生对论证的反思，促使学习者将自己的论点与教学者提供的论点作比较。元水平的反馈中，教师可以鼓励学习者关注是否所有的理由都是可接受的，理由支持判断的程度如何，对立的论点有哪些。

关于论证的社会方面，一些学习者由于担心出丑，在与他人积极分享自己的观点方面感到困难。为了克服这样的障碍，教师需要智慧地鼓励学习者发展社会联系，围绕争议性议题开放的交流，建立集体感。

在真实的课堂情境中，由于学习者之间的差异加上时间、资源的限制，教师很难为所有学生提供个性化的教学支持。为了克服局限，需要教师以灵活的方式提供教学支持，这对教师来说是一个不小的挑战。

通过以上的论述，相信大家已经对“ATA 模型”有了一个概括性的了解。下面请大家继续随着我们的文字回到本章的主题：运用“ATA 模型”有效地帮助课堂实现“运用真实问题解决的模式进行课堂实施→高中生物学核心概念的教学解释→高中生物学核心概念的科学解释→学生高阶思维能力的发展→核心素养的提升”这一教学与学习实施链条。

下面请允许我们以“教学实例”呈现的方式，具体体现“ATA 模型”如何帮助高中生物课堂实现运用真实问题解决的模式进行课堂实施，进而实现科学解释高中生物学核心概念、促进学生高阶思维能力发展、提升学生核心素养的过程。

实例 1：通过辩论的方式，实现运用“基于论证的真实性思维（ATA）模型”对高中生物学核心概念“生物技术在造福人类社会的同时也可能会带来安全与伦理问题”中“转基因产品的安全性引发社会的广泛关注”主题进行科学解释的规则设计。

（实例提供者：张超老师）

本文提示：面对真实的社会热点问题，能够基于论证进行理性思考并做出自己的选择是至关重要的。本节课希望引导学生就“转基因技术的应用，你支持还是反对？”问题进行基于论证的思考，并通过辩论赛的方式表达学生自己的观点。在这个过程中，对学生的引导、规则的设计及资源的供给，都需要教师的深度参与。下文展示本节课的规则设计部分，希望朋友们可以通过这个规则体会到对相关主题进行科学解释的引导价值。

一、辩题：转基因技术的应用，你支持还是反对？

二、比赛流程

1. 主席开场白：介绍比赛规程、参赛队及所持观点、评判团成员，然后宣布比赛开始。

2. 参赛双方进行辩论。

3. 辩论结束，现场互动，观众就辩题发表观点。

4. 评判团成员商议比赛结果。

5. 评判团代表点评赛况。（在辩论结束后，评判团将推选一名代表，综合所有评委的意见，发表对该场辩论的评语。分析两队的表现及优缺点，提出双方需要改进的地方。由于时间限制，评语应言简意赅。）

6. 主席宣布结果，比赛结束。

三、辩论流程

1. 第一阶段（陈词阶段）

（1）立论陈词

正方一辩陈词 3 分钟，反方一辩陈词 3 分钟。

（2）立证陈词（进一步阐述本方观点）

正方二辩陈词 3 分钟，反方二辩陈词 3 分钟。

2. 第二阶段（盘问阶段）

（1）正方三辩提问，反方任意选手（只限一名）回答。

（2）反方三辩提问，正方任意选手（只限一名）回答。

（3）提问用时累计 1 分钟，回答用时累计 3 分钟。

3. 第三阶段（自由辩论阶段）

由正方首先发言，然后反方发言，正反方轮流发言。共用时 10 分钟，每方用时 5 分钟。

4. 第四阶段（总结陈词阶段）

反方四辩总结陈词，用时 3 分钟。正方四辩总结陈词，用时 3 分钟。

5. 观众提问

正方和反方亲友团可分别向正反方提问 2 个问题。亲友团提问的问题质量影响得分。

四、辩论赛辩论规则

1. 时间提示

当辩手发言时间剩余 30 秒时，计时员以一次短促的琴声提示，用时满时，以两响琴声终止发言。否则作违规处理。

2. 盘问规则

（1）每个队员回答应简洁，提问应明了（每次提问只限一个问题）。

（2）对方选手提出问题时，被问一方必须回答，不得回避，也不得反问。

3. 自由辩论规则

（1）自由辩论发言必须在两队之间交替进行，首先由正方一名队员发言，发言队员坐下后，由反方一名队员发言，双方轮流，直到时间用完为止。

（2）各队耗时累计，当一方发言结束即发言队员坐下后，即开始计算另一方用时。

（3）在总时间内，各队队员的发言次序、次数和用时不限。

（4）如果一队的时间已经用完，另一队可以继续发言，直到时间用完为止。也可以放弃发言。放弃发言不影响打分。

4. 辩手不可以宣读预先准备好的书本，或展示准备好的图表或大字报，但可以带小卡片，出示或引述书本、报刊的摘要，以加强论据。

5. 比赛中，辩手不得离开座位，不得打扰对方或本方辩手发言，辩论时不得人身攻击。

五、辩论赛评分方式

1. 每场比赛有 5 名专家组成评判团（请两班班长讨论后自主邀请评委：如年级组长、生物组教研组长等非班级任课教师，不能邀请本班任课教师及班主任，务必确认是 5 名评委）。

2. 评判办法（本次比赛采取打分方法，团体和个人分别记分）。

（1）比赛的胜方由 5 位评委所打分数总和决定，得分高的一队取胜。

（2）每场优秀辩手由票数最高者获得。

（3）辩手个人得分只作为个人奖项的评审依据。

六、评判标准依据

1. 团体得分部分（100 分）

（1）审题（20 分）

对所持立场能否从逻辑、理论、事实等多层次、多角度理解，论据是否充足，推理关系是否明晰，对对方的难点是否有较好的处理方法。

（2）论证（20 分）

论证是否有说服力，论证是否充足，推理过程是否合乎逻辑，事实引用是否恰当。

（3）辩驳（20 分）

提问是否抓住对方的要害，问题明了。在规定时间内没有提出问题或提问不清，应适当扣分。是否正面回答对方问题，是否给人有理有据的感觉。不回答或不正面回答问题应适当扣分。

（4）配合（20分）

是否有团队精神，能否相互支持，论辩衔接是否流畅，自由辩论时发言是否错落有致，回答是否形成一个有机整体，给对方有力打击。

（5）辩风（10分）

语言流畅、用词得当、语调抑扬顿挫、语速适中；尊重对方辩手，尊重评委，尊重观众；表演得体、落落大方，有幽默感。

（6）观众提问及参与程度（10分）

正方或反方亲友团提问表达清晰，观点明确，积极踊跃程度。

另外，注意事项如下：

a. 辩论过程注意把握时间，应在31分钟完成，观众自由提问12分钟左右，在此过程中评委评分。

b. 两班同学讨论确定主席及串词。

c. 各班内部分工由班长和课代表讨论后确定，原则是发挥全班同学集体的智慧，尽量全员参与。需要有一组同学做后勤工作，布置××教室、调试音响设备、引导员引导观众和评委和计时等工作。

d. 本周×请将辩手（一二三四辩名单及主席）及各班分组分工计划确定，交给×老师。

e. 周×准备辩词及相关资料。

f. ×，×班周×中午安排辩手走台，布置会场，辩论时间为周×下午第×节。

g. ×，×班同学周×下午放学后安排辩手走台，辩论时间为周×上午第×节。

h. 辩手和主席要求正装参加辩论。

附1：团体评分表（根据评分，确定相关场次的获胜方）

项目	正方得分	反方得分
（1）审题（20分） 对所持立场能否从逻辑、理论、事实等多层次、多角度理解，论据是否充足，推理关系是否明晰，对对方的难点是否有较好的处理方法。		

续表

项目	正方得分	反方得分
（2）论证（20分） 论证是否有说服力，论证是否充足，推理过程是否合乎逻辑，事实引用是否恰当。		
（3）辩驳（20分） 提问是否抓住对方的要害，问题明了。在规定时间内没有提出问题或提问不清，应适当扣分。是否正面回答对方问题，是否给人有理有据的感觉。不回答或不正面回答问题应适当扣分。		
（4）配合（20分） 是否有团队精神，能否相互支持，论辩衔接是否流畅，自由辩论时发言是否错落有致，回答是否形成一个有机整体，给对方有力打击。		
（5）辩风（10分） 语言流畅、用词得当、语调抑扬顿挫、语速适中；尊重对方辩手，尊重评委，尊重观众；表演得体、落落大方，有幽默感。		
（6）观众提问及参与程度（10分） 正方或反方亲友团提问表达清晰，观点明确，积极踊跃程度。		
总分		

2、个人得分部分（100分）

（1）辩论技巧（40分）

辩手是否语言流畅、立意明确、能否从多角度、多层次分析、理解、认识辩题，叙述是否有层次性、条理性，论证是否有说服力。

（2）内容资料（20分）

论证是否充分、合理、恰当有力，引述资料是否详实。

（3）表情风度（20分）

辩手表情、手势是否恰当、自然、大方，不强词夺理，尊重对方，尊重评委和观众，富有幽默感。

（4）自由辩论（20分）

是否始终坚持自己的立场，主动、准确、机智地反驳对方的观点，思路清晰，立场坚定、逻辑正确、应对灵活。

附 2：个人评分表（根据评分，确定相关场次的最佳辩手）

项目	正方得分				反方得分			
	一辩	二辩	三辩	四辩	一辩	二辩	三辩	四辩
（1）辩论技巧（40 分） 辩手是否语言流畅、立意明确、能否从多角度、多层次分析、理解、认识辩题，叙述是否有层次性、条理性，论证是否有说服力。								
（2）内容资料（20 分） 论证是否充分、合理、恰当有力，引述资料是否详实。								
（3）表情风度（20 分） 辩手表情、手势是否恰当、自然、大方，不强词夺理，尊重对方，尊重评委和观众，富有幽默感。								
（4）自由辩论（20 分） 是否始终坚持自己的立场，主动、准确、机智地反驳对方的观点，思路清晰，立场坚定、逻辑正确、应对灵活。								
总分								

实例 2：通过 PCR 电泳结果分析与荧光定量 PCR 应用，尝试运用 ATA 中 POE 活动设计对高中生物学核心概念“基因工程赋予生物新的遗传特性”中“基因工程是一种重组 DNA 技术”主题进行科学解释的实录。

（实例提供者：王帅老师）

本文提示：探究过程中的因变量观测与分析，对于 POE 活动的“解释”工作至关重要。PCR 电泳是生物学实验中常用的因变量观测手段，本节课聚焦“PCR 电泳结果分析与荧光定量 PCR 应用”，希望通过教学实录的方式向朋友们展现“因变量观测与分析”的过程，更希望通过这样一个片段，让大家体会到教学中运用 POE 活动设计对发展学生“基于论证的科学思维”的价值。

课题： PCR 电泳结果分析与荧光定量 PCR 应用

教学过程实录

一、简要复习 PCR 和琼脂糖凝胶电泳的基本原理

【教师提问】前面的课上我们学习了 PCR，请同学们回忆一下 PCR 的基本原理。

【学生回答】PCR 是一种 DNA 体外快速扩增技术，在一对人工合成的特异性引物引导下，以 DNA 为模板，使用耐高温 DNA 聚合酶，经变性、退火及延伸三个步骤的多次循环，使特定 DNA 片段得到扩增。

【教师提问】PCR 得到的目的基因，我们如何来检测呢？

【学生回答】DNA 分子在适当的缓冲液中带负电，可以在电场中移动。

【教师提问】DNA 在电场中迁移速度与什么有关呢？

【学生回答】DNA 分子在琼脂糖凝胶中的移动速度与 DNA 片段的大小有关，片段越大移动速度越慢。

二、探讨 PCR 结果异常的原因

教师展示学生 PCR 及琼脂糖凝胶电泳的实验结果。

【教师讲授】同学们可以看到，有些同学的 PCR 和电泳出现了异常的结果，比如没有条带，或者出现了很多非特异性条带。那么导致这种现象的原因是什么呢？

【教师提问】首先，同学们先回顾一下，想要顺利地完成 PCR，我们都需要哪些必要条件？

【学生回答】模板，合适的引物，dNTP，Taq 酶，缓冲液（含 Mg^{2+}），正确的 PCR 循环条件。

【教师总结】所以，我们如果要分析为什么 PCR 异常，就要从这几方面分析。

【教师提问】请大家分小组讨论

问题一：电泳鉴定结果中有多条带出现，分析可能的原因是什么？

问题二：电泳鉴定结果中未出现扩增条带，分析可能的原因是什么？

问题三：如何设计实验验证未出现条带的可能原因？

【学生回答】各抒己见。

【教师总结】总结与评价。

Q：电泳结果预期为一条明亮的带，但有时 PCR 产物电泳后有多条带出现，原因可能有哪些呢？

原因可能有很多，比如模板 DNA 污染了其他 DNA、引物特异性差、Taq 酶出现了质量问题、退火温度过低等。

Q：电泳结果没有目的条带，原因可能有哪些？

原因可能有很多，比如模板 DNA 中含有杂质（如 Taq 酶抑制剂）、模板的引物区出现了变异、引物不能与模板配对、引物浓度不合适、Taq 酶失活、PCR 过程中变性温度低或变性时间太短导致模板不能变性为单链、退火温度太高导致引物不能与模板配对、延伸时间太短导致不能有足够时间完成 PCR 等等。

Q：那么，如何设计实验来验证未出现条带的原因是什么呢？

找一个不包含目的基因，但长度、浓度等方面与模板 DNA 均相近的 DNA 来做 PCR，作为阳性对照看是否能得到条带。若能，则说明 PCR 的酶及 PCR 的条件没有问题；接着，再找一个已知的包含目的基因的模板（比如一个已知的重组 DNA、基因组 DNA 等），浓度与模板 DNA 相近来做 PCR，作为另一组阳性对照看是否能得到条带。若能，则说明 PCR 所用的引物没有问题，则是刚才的模板出现了问题，否则是引物出现了问题。

三、荧光定量 PCR 的实际应用

【教师提问】：现在流行的新型冠状病毒是一种什么病毒？

【学生回答】：RNA 病毒。

【教师提问】：病毒核酸的量是非常有限的，我们如何能够高效地检测到它的存在呢？

【学生回答】：通过 PCR 的办法可以把目标核酸放大，从而检测到它的存在。

【教师提问】：若 PCR 所用的 Taq 酶仅能以 DNA 为模板进行 PCR，我们应该如何利用 PCR 检测新冠核酸呢？

【学生回答】：可以先把 RNA 作模板进行逆转录，形成 DNA，再以 DNA 为模板进行 PCR 检测。

【教师讲解】教师结合材料，介绍逆转录——PCR 过程。并让学生阅读实时荧光定量 PCR 的材料，上黑板板演整个荧光定量 PCR 的过程。

根据上面荧光定量 PCR 的具体资料，请分析下面问题：

【教师提问】：荧光强度越高，说明什么？

【学生回答】：反应体系中模板 DNA 分子越多。

【教师提问】：请同学上黑板画一下随着 PCR 循环数的增加，荧光信号强度的变化曲线。

【学生回答】：

【教师讲解】：Ct 值是如何规定的。

【教师提问】：样本的 Ct 值越大，代表什么意思？

【学生回答】：Ct 值表示在 PCR 扩增过程中，每个反应管内的荧光信号达到设定的荧光阈值时所经历的扩增循环数。因此，当样本中初始模板越多时，Ct 值越小；反之当样本中初始模板越少时，Ct 值越大。

【教师提问】：假设实时荧光定量 PCR 检测两个样品时，Ct 值相差 5，则两个样品的起始模板 DNA 浓度差是多少？

【学生回答】：每次循环 DNA 数就乘以 2，Ct 值相差 5 意味着相差 5 个循环，则浓度差相差 2^5=32 倍。

【教师提问】：在实际新冠核酸检测中，常出现假阴性结果（过一段时间后转为阳性），请分析假阴性可能的原因有哪些？

【学生回答】：原因有很多，例如取样太早，此时样本中病毒量太少，达不到实时荧光 PCR 检测的阈值；再比如，样本污染有 RNA 酶，可将病毒 RNA 降解，或者病毒发生了变异等等。

【教师提问】：针对上述的假阴性的结果可能的原因，我们应如何做才能提高阳性患者的检出率。这是今天留给大家的思考作业。

【教师小结】

实例 3：尝试设计思维性 DOE 活动对高中生物学核心概念“细胞工程通过细胞水平上的操作，获得有用的生物体或其产品”中“对动物早期胚胎或配子进行显微操作和处理以获得目标个体”主题进行科学解释的实录。

（实例提供者：张超老师）

本文提示：常规的生物课堂很难实现完整的 DOE 活动参与，因此，教师可以在课堂设计上尝试运用思维性的 DOE 活动，通过问题创设引导学生完成“设计—观察（思考）—评估”的过程。本节课聚焦“运用胚胎工程相关知识通过有效设计解决实际问题”，学生可以在教师的引导下，针对教师提出的种种实际问题，综合考虑多种限制条件，尝试在思维上进行DOE设计，运用胚胎工程相关技术手段进行合理解决，从而达成人类的目标。这个过程中，教师设计怎样的问题串；怎样指导学生有趣、高效、合理地运用胚胎工程的各种技术手段进行思维性的DOE设计并解决实际问题；怎样指导学生对其DOE设计进行评估和改进……这一系列问题都是值得教师深入思考的。

一、问题启示：某地新引进一雄一雌两头优质高产肉牛，希望快速、大规模推广养殖，以提高该地区人民的生活水平及经济效益。

面临的困难：1. 没有足够的资金再引进更多的优质高产肉牛。

2. 该肉牛的繁殖率低（自然分娩每胎只能产一头小牛），妊娠时间长（10个月的妊娠期），性成熟较晚（3岁才能性成熟），因此很难靠自然生产实现快速、大规模推广养殖的目标。

问题：如何才能快速得到更多的优质高产肉牛呢？［多卵细胞＋多精子→多受精卵→多胚胎→多孕牛→得到更多优质高产肉牛］

想法1：体外受精和胚胎体外培养

方法：获得大量卵细胞→获得精子→人工授精→胚胎体外培养

原理：

（1）获得大量卵细胞

杀牛取卵：从产地屠宰场低价购买更多的优质的卵细胞。

超数排卵：利用激素（促卵泡激素＋促黄体生成激素）促进雌牛排出更多的卵细胞，用手术采卵（冲洗输卵管采卵）或非手术采卵（子宫冲卵）的方法得到卵细胞，牛采用非手术采卵的方法进行。

（2）获得精子

人工采精：睾丸精子、附睾精子、射出精子、雌性生殖道内的精子，4种精子，牛采用射出精子。

加入特殊稀释液，低温保存（5℃存活1周；液氮－196℃长期保存）。

（3）人工授精

精子获能：放入培养液中，二氧化碳培养箱内放置2h。

卵细胞放入精子培养液中。

6h 后检查受精情况：以产生第二极体和雌雄原核形成为标准。

也可以使用显微受精方法。

（4）胚胎体外培养

配制培养液体外培养胚胎，但由于哺乳动物胚胎发育条件复杂，目前体外培养技术并不成熟，建议采用胚胎移植的方法，转至代孕牛的子宫内培养。

二、引出新问题：由于该品种的牛很难保证精子在体外的活性，且体外受精的成功率低，我们该采取何种方法解决问题呢？

想法 2：胚胎移植技术

方法：供体牛准备［超数排卵→体内受精］→受体牛准备→胚胎采集→胚胎保存→胚胎移植

原理：

（1）供体牛准备［超数排卵→体内受精］

超数排卵：利用激素（促卵泡激素 + 促黄体生成激素）促进雌牛排出更多的卵细胞，用手术采卵（冲洗输卵管采卵）或非手术采卵（子宫冲卵）的方法得到卵细胞，牛采用非手术采卵的方法进行。

与公牛交配，体内受精。

（2）受体牛准备

生产能力低，数量多，健康无病，发情周期正常的适龄母牛即可。

（3）胚胎采集

手术法：麻醉动物，切开腹部，用冲卵液从子宫角或输卵管冲出胚胎。

非手术法：输卵管受精及完成 1 至 3 次卵裂，需要 3 到 4 天，然后降到子宫发育，因此 4 天后子宫采集即可。

牛使用非手术法。

（4）胚胎保存

使胚胎停止发育，并保持重新恢复发育的活性。

培养液中，室温条件可存活 10h 至 20h。

培养液中，0℃至 5℃保持时间较长。

液氮中，–196℃长期保存。

（5）胚胎移植

手术法：取出子宫和输卵管，将胚胎放入子宫角或输卵管中，再手术放回子宫和输卵管。

非手术法：发情6至9天进行，使用胚胎移植枪将胚胎注入子宫角深部。

三、又引出新问题：该品种牛即使超数排卵后，卵细胞数目还是比较有限，不能满足要求，如果希望得到更多数量，我们该采取何种方法解决问题呢？

想法3：胚胎分割移植［桑椹胚］

方法：桑椹胚胚胎采集后，预处理胚胎，并准备切割工具→胚胎分割移植

原理：

（1）桑椹胚胚胎采集后，预处理胚胎，并准备切割工具。

胚胎2至6细胞，每个细胞都仍具有发育成为完整个体的潜力。

为了减少切割损伤，切割胚胎前，用链霉蛋白酶对胚胎进行短时间处理，使透明带软化并变薄或去除透明带。

准备胚胎分割所需要的器械：体视显微镜、倒置显微镜、显微操作仪；制作胚胎固定管和分割针（玻璃针或微刀）。

（2）胚胎分割移植

将桑椹胚切割成半胚或四分胚。

分割胚的培养：将分割胚放入透明带中或琼脂包里，移入中间受体输卵管内，或直接在体外培养到桑椹胚或囊胚阶段。

分割胚的移植：无菌操作，同胚胎移植。

四、再引出新问题：卵细胞太少，胚胎分割移植也还是不能满足需求，还有没有更好的方法，帮助我们解决问题呢？

想法4：胚胎干细胞核移植［囊胚］

方法：囊胚期采集、培养并获得胚胎干细胞→采集卵细胞并去核→核移植获得重建细胞→得到克隆胚胎→胚胎移植

原理：

（1）囊胚期采集、培养并获得胚胎干细胞

建立饲养层细胞培养体系：利用胚胎成纤维细胞建立饲养层，该层细胞可以分泌抑制细胞分化的物质（白血病抑制因子［LIF］或分化抑制因子［DIA］）。

采集牛囊胚期的细胞，放于饲养层细胞培养体系中培养，待内细胞团突出饲养层外，用酶消化或机械剥离内细胞团，再用酶消化成单个细胞，得到胚胎干细胞（通过更换培养液或冷冻的方法保存胚胎干细胞，使其不分化）。

（2）采集卵细胞并去核

采集大量可用的卵母细胞，并去核。

（3）核移植获得重建细胞

通过核移植技术，将胚胎干细胞核移植到去核的卵母细胞中，获得重建的细胞。

（4）得到克隆胚胎并胚胎移植

经过胚胎激活、胚胎培养得到克隆胚胎，再利用胚胎移植技术，将胚胎移植到代孕母牛的子宫中，获得克隆的可以满足需求的优质高产肉牛。

实例4：尝试借助“虚拟仿真实验”设计DOE活动对高中生物学核心概念“发酵工程利用微生物的特定功能规模化生产对人类有用的产品”进行科学解释的思考。

（实例提供者：张超老师）

本文提示：随着信息技术的不断发展，使得在课堂上运用虚拟仿真实验教学成为可能，虚拟实验借助了虚拟现实技术（VR）、仿真、多媒体等技术，利用计算机营造与现场实景相似的画面与空间，以达到辅助部分或全部替代传统实验操作环境的软硬件环境。这种类似游戏闯关的教学设定，非常适合运用于课堂上很难完整实现的DOE活动。“运用发酵工程为人类提供多样的生物产品”课题就是一个可以借用“虚拟仿真实验”设计DOE活动以帮助学生进行体验与实施的课题。由于现实条件的限制，本文所示的思考还未经实践检验，只是在教师备课时做过体验式尝试而已，但还是希望将借助“虚拟仿真实验”设计DOE活动对高中生物学核心概念进行科学解释的思考呈现出来，起到抛砖引玉的作用，供大家参考。

项目课题：通过分离、纯化、改造等方式，从土壤中获得适宜用于工业生产的谷氨酸棒状杆菌，并设计发酵工程方案，实现“味精增产”目标。

一、学生自主设计项目方案

教师提示项目课题目标（需解决的问题）、要求及相关注意事项（系统化考虑现实条件、原理支持、成本控制等多方面对项目的价值与影响），由学生自主设计具体项目方案。学生自由组合分组，每组4至5人。具体设计时，学生需要充分了解教材中的理论知识，再查阅书籍、文献等参考资料，成员内部充分交流讨论，以制定具体方案，此过程可以强化学生理论与实践结合的意识，培养学生实际解决问题的能力。

二、虚拟仿真实验模拟

得到具体项目方案后，小组内成员可依次进行虚拟仿真实验，实验操作完成后，根据系统评分与操作过程中遇到的问题开展小组讨论，分析实验结果。

三、评估、完善项目方案

通过系统评分评估与小组讨论，进一步完善项目操作方案，从全局层面认识整个实验过程，设计出较为完善的项目方案。

四、再对新方案进行虚拟仿真实验模拟，最终完成虚拟仿真实验报告

再对新方案进行虚拟仿真实验模拟，与第一版项目方案的系统评分进行对比评估，并通过小组讨论进一步完善项目操作方案，最终完成虚拟仿真实验报告。

实例 5：通过对真实复杂问题的探究，对高中生物学核心概念“生命个体的结构与功能相适应，各结构协调统一共同完成复杂的生命活动，并通过一定的调节机制保持稳态”中“植物生命活动受到多种因素的调节，其中最重要的是植物激素的调节”主题进行科学解释的设计。

（实例提供者：赵奂老师）

本文提示：“植物生长与赤霉素”这节课通过回顾经典实验，带领学生站在科学家的实验证据面前，让学生面对科学家实验中获得的证据构建模型、提出观点、验证假说。在本节课时中，教师先利用 5 分钟时间做赤霉素大体情况的讲解，并提出课堂主题；然后用 5 分钟时间呈现实验证据，通过简单问答提出初步的假说来解释赤霉素促进生长的原因；接下来提供新的证据，并要求学生用 12 分钟时间构建赤霉素作用的模型，并向全班展示；然后提出其他科学家的质疑和证据，要求学生用 10 分钟时间构建新的模型；最后教师总结并将新的任务以作业的形式布置给学生。

本节课的教学流程示意如下：

引入：介绍赤霉素发现，说明赤霉素促过生长的作用，提出问题：赤霉素为什么能促进植物生长。

↓

提出解决问题的思路：研究矮化突变体。解释突变体性状出现原因。

↓

分析框架：利用信号转导途径分析：赤霉素合成和赤霉素信号传导途径障碍。

↓

判断突变体类型：赤霉素不敏感，内源赤霉素增加。赤霉素信号传导途径障碍。

↓

提出假说：突变体受体或中间物质异常。
未突变基因编码蛋白响应赤霉素信号促进生长或解除抑制。

↓

更多实验结果：进一步诱变形成的赤霉素不响应、高、一基因双突变体分析：

↓

构建模型：同一蛋白同时存在赤霉素响应和抑制生长两个功能单位。

↓

新的实验证据：赤霉素诱导未突变蛋白降解。

↓

调整模型：赤霉素与受体结合后抑制性蛋白降解。

↓

总结：通过突变体出现的性状判断突变基因的作用。

↓

新问题：如何找到赤霉素受体？

↓

作业布置：如何根据本节课所学的方法寻找赤霉素受体。

上课：用科学解释促进学习

具体教学过程见下表：

教学环节	教师活动	学生活动	设计意图
创设情境	讲解赤霉素发现及功能，提出问题：赤霉素为什么能促进植物生长？可以选择什么类型的植物进行研究？ 由此提出用矮化突变体进行赤霉素机制的研究方案	聆听	提出探究问题，创设探究情境。 引导学生选择出利用矮化品种为研究材料进行试验研究
探究与分析	提出问题：中国科学家彭金荣发现了一个拟南芥突变体，提出矮化原因的假设。 展示赤霉素作用的路径并利用该路径进行分析。说明激素是信号分子，与受体结合后，启动某些生命活动过程。 如何区分这两种突变体	回答问题：矮化的原因有两方面： 1. 基因 1 突变导致赤霉素产量不足 2. 基因 2 突变导致赤霉素信号传导途径障碍。 两种方法区分： 1. 测定赤霉素含量并与野生型比较。 2. 用赤霉素处理突变体并与野生型比较。 赤霉素含量大于等于野生型，且外施赤霉素无反应，属于原因 2	进一步理解和记忆赤霉素的作用：植物自身产生，促进植物生长，为进一步分析提供基础。 给出激素的信号响应模式全景，提示学生思考同类问题的方向
探究与分析	矮化拟南芥突变体展现出赤霉素不响应且植株赤霉素含量升高的现象。说明该突变体属于第二类突变体。提问：联系赤霉素的作用说明突变基因在突变前的功能。 在学生假说不完善的情况下适当提示和补充	学生回答： 接受赤霉素的信号，促进植物生长。 或接受赤霉素的信号，解除对植物生长的抑制作用	展示中国科学家的成果，提高民族自信。 训练提出假说的能力。 引导学生从微观层面理解植物细胞的信息交流
讨论与建模	展示再次诱变形成的同基因两次突变体，说明该突变体为高茎，且不响应赤霉素信号。再次讨论突变基因突变前的功能是什么？如何解释突变体的表现型	在任务单上构建模型，说明蛋白的功能，用以解释突变体的性状。 分组讨论，说明自己的观点和理由。 选择小组成员在黑板上展示构建的成果	通过完成任务锻炼构建模型的能力。 通过讨论和成果展示，提高演绎推理能力
调整模型	提出另一位华裔科学家孙太平对模型的质疑，并给出目标蛋白在赤霉素作用下降解的实验证据。说明该蛋白很有可能不是赤霉素受体，请学生调整原模型，以解释新的实验现象	在任务单上构建新模型。 分组讨论说明自己的观点和理由。 在黑板上展示新模型	通过完成任务，建立调整模型以符合新实验证据的意识。 通过讨论和成果展示，提高演绎推理能力

续表

教学环节	教师活动	学生活动	设计意图
评价	教师提问：接受新模型的关键是什么？在学生无法说出时适当提示	回答：找到受体，找到促进生长成分	为新模型寻找证据
总结与拓展	接上一环节的问题：如何才能找到赤霉素受体呢？通过刚才的分析发现找到相应突变体是的关键。赤霉素受体突变体的性状是什么	回答：矮化、赤霉素不敏感	提出新问题，借鉴已有方法获得解决新问题的方案。进一步落实课堂习得的研究方法
作业布置	接上一环节问题：赤霉素不敏感的矮化突变一定是由于赤霉素受体基因突变导致的吗？ 把得出该结论所需要的证据写在任务单作业栏	完成课后作业	训练为观点收集证据的能力和习惯

实例 6： 通过学生自主进行实验设计与实施的完整过程，对高中生物学核心概念“细胞的生存需要能量和营养物质，并通过分裂实现增殖”中“细胞的功能绝大多数基于化学反应，这些反应发生在细胞的特定区域”主题进行科学解释的实录。

（实例提供者：董晖老师）

本文提示： 教材第 5 章《细胞的能量供应和利用》的第 1 节《降低反应活化能的酶》安排了两个课时来完成。第一课时，通过资料分析探索酶的本质、通过设计实施实验，帮助学生体会酶的作用及其高效性，介绍酶的作用机制。在高效性实验的设计和分析中，帮助学生分析实验中的自变量、因变量、无关变量，区分实验结果和结论，学习实验步骤的书写原则。同时布置任务，引导学生分组选择课题，设计实验，来验证酶的高效性和探究温度、pH 对酶活性的影响。第二课时，展示学生实验设计方案，师生共同修订完善方案，学生动手实施实验，得出实验结果结论，完成与本实验有关的思考题。本节课是酶的教学内容中的第二课时。

上课：用科学解释促进学习

教学过程			
教学环节	学生行为	教师行为	教学方法和设计意图
实验方案的修订完善	评价教师展示的实验方案，提出修改完善的建议。 和小组同学修订自己的实验设计方案，制订详细的实验计划	展示学生实验设计方案，请学生对实验方案作出评价。 引导学生关注实验方案设计中有缺陷的部分，鼓励学生提出完善建议	通过实验方案的设计和完善，帮助学生区分实验中的三个变量。掌握实验设计中，应如何操纵自变量，检测因变量和排除无关变量。训练学生的实验设计分析能力，语言表达能力，倾听和沟通能力
分组完成实验	各小组同学分组完成实验，在实验的等待间隙，以小组为单位讨论完成思考题	观察学生实验，帮助学生解决实验中出现的问题	培养学生的动手能力，合作沟通能力
实验小结	总结每个实验的结果和结论。反馈实验中出现的问题。交流思考题的答案	引导学生汇报实验结果结论，交流思考题的答案	帮助学生区分实验结果结论，解释温度和 pH 对酶活性的影响，理解酶的特性

附：任务单

酶的相关实验

——验证酶的专一性＋探究温度对酶活性的影响

＋探究 pH 对酶活性的影响

一、实验设计：

可供选择的材料用具：

淀粉溶液　蔗糖溶液　H_2O_2 溶液

α 淀粉酶溶液（最适温度为 60℃）肝脏研磨液（含 H_2O_2 酶）

5% 的盐酸溶液　5% 的 NaOH 溶液　蒸馏水　冰块　100℃的水浴锅　60℃的水浴锅

碘液　斐林试剂　pH 试纸　玻璃棒　试管　量筒　烧杯　滴管

我选择的研究题目是：________________

该实验中的自变量：________________

因变量：________________

无关变量：________________

实验步骤：

实验结果（可设计实验结果记录表）：

实验结论：

实验设计中我遇到的问题：

实施实验过程中我遇到的问题：

二、思考题：

1. 验证酶的专一性的实验中，能否用碘液来检测实验结果？

2. 如果在给定的材料用具基础上，再提供蔗糖酶，还可以如何设计实验来验证酶的专一性？

3. 能否选用 H_2O_2 酶作为实验对象，来探究温度对酶活性的影响？

4. 在探究温度对酶活性的影响实验中，能否用斐林试剂来鉴定实验结果？

5. 能否选用淀粉酶作为实验对象，来探究 pH 对酶活性的影响？

6. 如果进行精确的定量实验来探究温度对酶活性的影响。你预期会是什么样的结果？

请以曲线图的形式表示。根据你已有的知识，尝试解释温度对酶活性产生影响的原因。

7. 如果进行精确的定量实验来探究 pH 对酶活性的影响。你预期会是什么样的结果？

请以曲线图的形式表示。根据你所学的知识，尝试解释 pH 对酶活性产生影响的原因。

第六章

运用“有益性失败（PF）学习设计”对高中生物学核心概念进行科学解释例析

在建构有关促进学习的有效设计方法讨论的背景下，“有益性失败（PF）学习设计”为学习者提供了参与真实实践的机会，在实践中他们可以从生成和探索新颖设计问题的解决方案开始，随后进行巩固和知识整合。在这一过程中，PF 为学生激活和分化自己的先前知识提供了机会，以便他们在后续教学中能够更好地注意和学习目标概念的关键概念特征。有研究表明，PF 学习设计在形成概念理解和转化方面比直接教学设计更为有效。

在现实的教学中，教师更多会采用直接教学法（DI），因为老师们总是觉得：让学习者解决新问题是没有效率的，因为他们还没有学习目标概念，让学习者独自寻找解决方案不但需要耗费大量时间，而且还不一定能得到什么收获，甚至还会让学习者产生沮丧情绪进而失去学习动力。在这样的坚信中，教师往往不敢放开学生，不敢让学生独立面对真实的复杂问题，不敢让学生犯错误，不敢让学生失败。

本章的文字并不是想否定教师在教学指导中的价值，相反，我们坚决地相信：教师的教学指导对于促进学习者的有效学习具有不可替代的价值！在本章中，我们是想提供一种学习设计，即面对新问题，学生自己首先生成对新问题的表征和方法，随后进行直接教学。可以预想到，学生自己的生成过程很可能导向失败。这里所说的失败，只是说学生不能够自己形成或发现标准的解决方案。然而，关键的并不是没有形成规范方案本身，而是生成和探索多种表征方式和解决方案的过程。如果随后提供针对目标概念的直接教学，学习将是更富有成效的。

我们把这种“为学习者提供一个探索机会，让他们参与到一个为新问题生成解决方案的过程中，并展示他们产生的针对新问题的次优解决方案（例如，没有生成标准的解决方案），随后教师再提供某种形式的直接教学，帮助学习者在失败基础上产生一种更富有成效的解决方案”的学习设计，称为有益性失败（PF），我们希望将 PF 与 DI 两种学习方式结合，探索出一条更有价值、更有效的学习（教学）策略。

我们认为，在学习新事物或解决新问题的初始阶段，直接教学至少有两个问题。第一，直接教学期间，学生往往没有必要的先前知识，缺乏足够的分化，以识别和理解目标概念背后的特定领域表征和方法的蕴含性。第二，直接教学中，当概念以组合好的、结构化的方式呈现时，学生可能不理解为什么那些概念及其表征和方法以呈现出的方式组合和结构化。对比这两个问题，PF 的价值即刻跃然纸上。PF 可以让学生参与到蕴含四个核心的、相互依赖机制的学习设计中：（a）激发和分化与目标概念有关的先前知识，（b）关注目标概念的核心概念特征，（c）阐释和细化这些特征，（d）将核心概念特征组织并组装成目标概念。这些机制蕴含在两阶段的设计中：生成和探索阶段（阶段 1），随后是巩固阶段（阶段 2）。阶段 1 为学生生成和探索多样的表征和解决方法（representations and solution methods，RSMs）中的可能性和限制提供了机会。阶段 2 为学生提供了生成 RSMs 组织和组合成标准 RSMs 的机会。两个阶段的设计均根据以下蕴含上面提到的机制的核心设计原则：

1. 创造问题解决情境，其中包含解决真实的复杂问题。这些复杂问题富有挑战但不至于令人沮丧，依赖于学生已有的资源，允许多样的 RSMs。（机制 a 和 b）。

2. 提供阐释和细化的机会（机制 b 和 c）。

3. 提供机会比较和对比两者 RSMs 的可能和限制条件，一种是失败的或不是最优的 RSMs，另一种是标准 RSMs 组合（机制 b–d）。

通过以上的论述，相信大家已经对“PF 学习设计”有了一个概括性的了解。下面请大家继续随着我们的文字回到本章的主题：运用“PF 学习设计”有效地帮助课堂实现“运用真实问题解决的模式进行课堂实施→高中生物学核心概念的教学解释→高中生物学核心概念的科学解释→学生高阶思维能力的发展→核心素养的提升”这一教学与学习实施链条。

下面请允许我们以“教学实例”呈现的方式，具体体现“PF 学习设计”如何帮助高中生物课堂实现运用真实问题解决的模式进行课堂实施，进而实现科学解释高中生物学核心概念、促进学生高阶思维能力发展、提升学生核心素养的过程。

实例 1： 基于“有益性失败（PF）学习设计”对高中生物学核心概念“细胞的生存需要能量和营养物质，并通过分裂实现增殖”中“物质通过被动运输、主动运输等方式进出细胞，以维持细胞的正常代谢活动”主题进行科学解释的实录。

（实例提供者：张超老师）

本文提示：教师通过“有益性失败（PF）”学习设计，可以有效激活学生的先前科学概念，并可以在此基础上有针对性地设计后续的教学活动。本课通过教师提出问题、学生进行科普性科学阅读、邀请学生展示科学阅读成果等方式，使学生暴露出其相关问题，教师将这些问题转化成为“有益性失败”，并在此基础上对“物质的跨膜运输”课题进行讲授，促进学生对相关概念的科学解释。

教学过程实录（部分）：

1. 教师引导学生思考真实状态下细胞所处环境特点及细胞物质需求变化情况，构建出如下图 6.1 所示的类似于细胞真实生活环境的模型图。

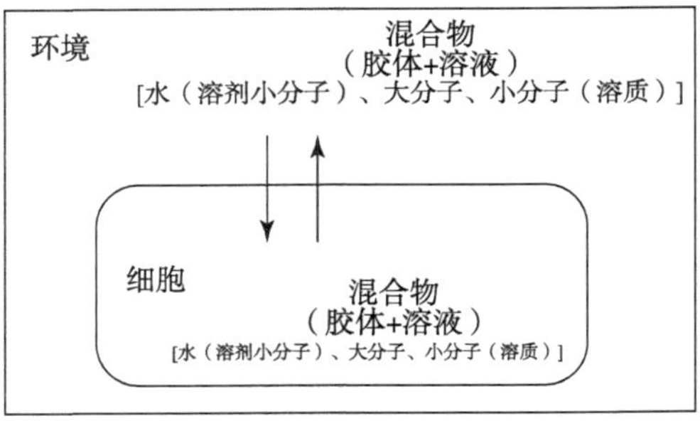

图 6.1　模拟细胞真实生活环境的模型图

通过对“细胞所处环境特点及细胞物质需求变化情况”的分析，提出要以下真实复杂问题：

（1）有哪些类型的物质需要跨膜运输？（2）溶剂分子的跨膜运输？（3）小分子溶质分子的跨膜运输？（4）大分子的跨膜运输？

2. 以教材作为“物质的跨膜运输”课题的科普性阅读材料，要求学生以以上真实复杂问题的解决为目标进行科学阅读。

3. 邀请学生展示其科学阅读的成果（包括新信息梳理、整合情况，新知识体系建立情况等）及对真实复杂问题解决的情况（下图 6.2 为一名学生通过科学阅读后对概念的梳理结果）。

- 大分子
  - 主动运输
  - 胞吞抱吐
- 小分子
  - 自由扩散
  - 协助扩散
- 水
  - 自由扩散
  - 渗透作用

图 6.2　一名学生通过科学阅读后对概念的梳理结果

4. 教师对学生的展示进行梳理点评，尤其注意将学生犯错的部分转化成为“有益性失败”。以上图 6.2 的梳理为例，学生根据教师的提示将梳理的基础分为了大分子、小分子和水，由于水属于小分子的一种类型，所以这样的梳理结构存在一定的逻辑混乱问题，除此之外，从知识角度对大分子、小分子、水的运输方式梳理也存在错误与混乱。教师可以借用学生的展示做有针对性的教学与学习设计，如在学生整理的概念梳理转化为下图 6.3 的形式，并在此基础上进行相关概念的具体教授，帮助学生深入理解并整合信息，完善新的知识体系，实现对相关核心概念的科学解释，最终解决最开始教师提出的相关真实复杂问题。

- 大分子物质——胞吞胞吐
- 小分子溶质
  - 主动运输
  - 自由扩散、协助扩散——被动运输
- 小分子溶剂（水）——自由扩散

图 6.3　教师在学生概念梳理结果基础上构建的知识框架

……

实例 2：基于“有益性失败（PF）学习设计”对高中生物学核心概念“生态系统中的各种成分相互影响，共同实现系统的物质循环、能量流动和信息传递，生态系统通过自我调节保持相对稳定的状态”中“种群的数量特征”课题进行科学解释的实录。

（实例提供者：张超老师）

此实录部分素材来源于《生物学教学》（详见书后参考文献）。

本文提示：从教材中对种群密度这一概念的描述中，学生很容易认为种群密度大小并不可以直接反映种群数量的多少，教师可以将学生的这种错误认识转化为“有益性失败”，进而开展针对“种群的数量特征”课题的有效教学。

教学过程实录（部分）：

1. 教师引导学生对“种群密度”的概念进行描述，并思考“能否说一个种群的种群密度大就意味着这个种群个体数量是多的？”这一问题。

2. 学生根据教材中对“种群密度”的描述——种群密度是指单位面积或容积内某种群个体总数——很容易得出“种群密度大小并不能直接反映种群数量多少”的结论。

3. 教师需有意识地抓住学生这个错误认识，将其转化为“有益性失败”，提示学生进一步思考“用怎样的方式对种群密度进行调查，才能确保一个种群的种群密度大小能够准确反映其数量的多少？”并在此基础上开展“种群的数量特征”课题的教学。

4. 模拟真实情境探究，尝试样方法解决实际问题。教师依次展示示意图：5 m² 和 5000 m² 方形区域中若干株加拿大一枝黄花（圆形小点模拟），并依次提出：当区域面积是 5 m²，如何调查该区域加拿大一枝黄花的密度？如果是 5 000 m² 呢？从而引导学生认识到虽然逐个计数是调查种群密度最准确的做法，但是在实际操作中，很多情况下却难以实现，因此只能通过抽样调查的方式来估算种群密度。然后，教师向学生展示模拟本地某真实环境所绘制的样地示意图（图 6.4），提出：如果要在此样地上抽样调查加拿大一枝黄花的种群密度，我们应该怎么做？引导学生两人一组讨论取样调查需要解决的问题。

图 6.4 加拿大一枝黄花取样样地示意图

教师随机选取若干小组分享讨论结果，最后引导全班聚焦以下问题：样方的大小如何确定？样方的数目如何确定？如何保证随机取样？如何对样方中的个体计数？样方计数的结果应该如何处理？

教师提供系列文本资料。

资料一：某调查小组对该样地生态系统进行调查研究，随机取样，然后统计每个样方中的物种种类数，得到如图结果（图 6.5），假设样方中，S_1 为 1 m²、S_0 为 3m²、S_2 为 5 m²，样方面积选取哪一种为宜？为什么？学生通过讨论，得出结果：3 m² 为适宜取样面积。

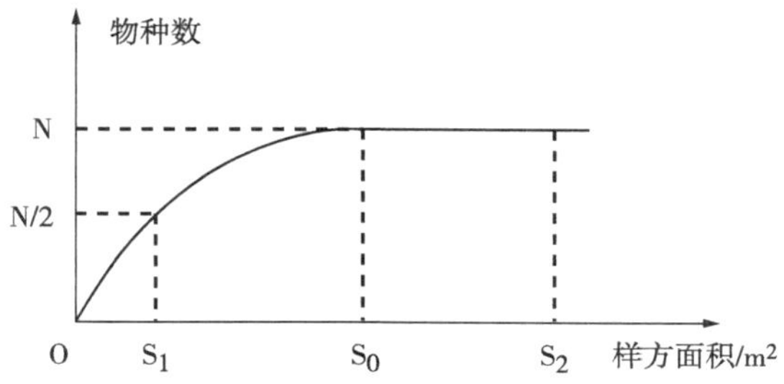

图 2　样方面积和样方内物和数量之间的关系

资料二：某研究小组，对某双子叶植物种群密度进行调查，得到如表 6-1 数据。取样数目和哪些因素有关？假设上述样地中，样方面积为 1 m²，精度为0.85时，样方数量为8；精度为0.9时，样方数量为14。如果考虑取样成本，精度要求不是太高的情况下，选取多少样方为宜？学生通过讨论，得出结果：选取 8 个样方为宜。

表 6-1　测定不同样方面积某双子叶植物种群密度所需最少样方数

样方面积 (m²) \ 精度	0.5	0.6	0.7	0.75	0.8	0.85	0.9	0.95	0.975	0.98
300	1	2	4	6	11	24	67	382	2014	3397
200	2	3	5	8	15	34	95	537	2810	4719
100	1	2	4	6	11	24	66	372	1967	3287
50	2	3	5	9	16	35	97	546	2853	4805
10	2	2	4	7	12	27	76	431	2201	3310

资料三：调查中常见的取样方法有两种（图 6.6），图 6.4 样地地形应采用什么方法？

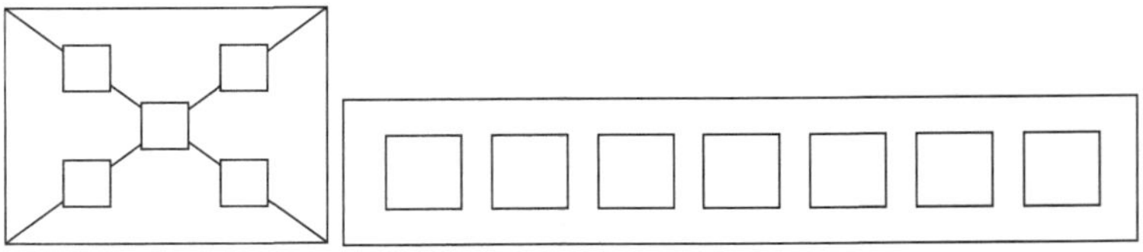

图 6.6　五点取样法和等距取样法示意图

资料四：某小组统计时遇到如下情况（图 6.7），甲成员认为样方内和压在样方 4 条边上的需要全部计 数；乙成员认为每个压在样方线上的随机挑选两条边计数，不同样方之间，选取的两条边可以不同；丙成员认为，每个压在样方线上的随机挑选两条边计数，但是所有样方所挑选的两条边是一样的。你们认为采取哪一种方案？

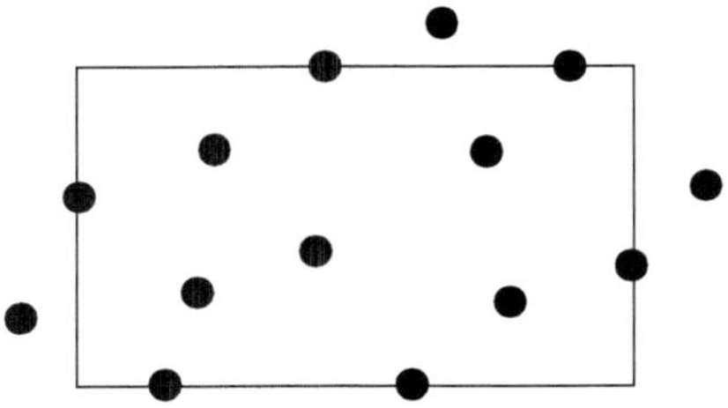

图 6.7　一个样方内一枝黄花分布示意图

学生就上述资料和问题串，进行充分的分析和讨论，教师提供几种草本植物取样面积（1 m^2、2 m^2、4 m^2、9 m^2）作为小组设计方案的参考，各小组经过讨论形成各小组取样方案，并展示方案（图 6.8 为某小组取样方案），接着各小组按照本组的方案进行模拟取样、统计数据和计算均值，然后在全班范围内进行比较，就误差产生的原因进行进一步讨论、归纳。

图 6.8　某小组模拟样方法活动样方设定方案

5. 巧设直观模拟图式，突破标志重捕法理解难点。教师展示某鱼群图片，提出：能否用样方法调查这一鱼群的种群密度？引导学生认识到，对于活动力强的动物必须采用其他方法调查其种群密度，进而引出标志重捕法。接着教师向学生提供有关标志重捕法原理的资料，然后向学生提供如下三幅图（图 6.9）。教师提出：如果 A 图中空白原点表示的某种群中所有动物，B 图和 C 图表示将捕获的动物做上标记并放回，请大家小组讨论，B 图中小圆范围内黑色圆点以及 C 图小圆范围内黑色、空白圆点可分别用标志重捕法计算公式（M/N= m/n）中的哪一个字母表示？

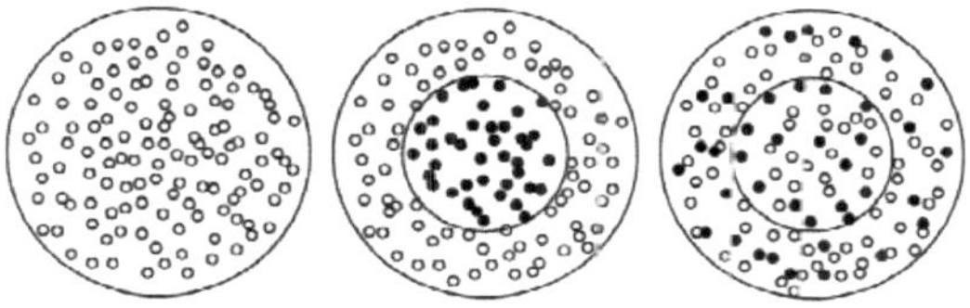
A　　B　　C

图 6.9　标志重捕法原理直观模拟图式

学生小组讨论，回答问题，并基于 C 图数据，运用公式对 A 图中的空白圆点数量进行估算，最后将估算值和实际逐个计数值进行比较，学生会发现出现了误差。于是教师顺势展示资料，组织学生讨论这些情况可能会造成估算结果是偏大还是偏小：（1）若动物被捕捉后，第二次变得更不容易被捕捉；（2）标志过于醒目，被标记后的动物容易被天敌发现；（3）标志过于醒目，重捕时更容易被人发现；（4）标志脱落；（5）调查期间有同种动物迁入；（6）该地调查期间多只未被标记的个体死亡。

6. 师生共同建构，归纳种群特征关系。教师展示科研工作者在阿尔金山自然保护区划定的若干取样范围内所调查的藏羚羊种群密度部分数据（表 6–2）。通过引导学生分析数据，让学生认识到某一地点的种群数量是会发生改变的。

表 6–2　2012 年和 2013 年夏季阿尔金山自然保护区部分地区藏羚羊种群密度（头 / 平方公里）

部分取样范围	时间	
	2012 年	2013 年
依协克帕提 – 卡尔丘卡	0	3
岔路口 – 阿坝提拔	5	0
阿坝提拔 – 卡尔墩	0	5
依协克帕提 – 阿木巴勒阿希坎山口	0	0

然后，教师提出：到2014年夏季，阿坝提拔卡尔墩处藏羚羊的数量会增加还是减少呢？哪些因素可能影响种群的数量呢？接着教师向学生提供源于科研论文的以下资料。

资料五：由于两次夏季调查正值大量雌性藏羚羊聚集到产羔地进行产羔，产羔地的雌性藏羚羊密度很大，受惊扰后无疑会引起相邻还未统计的动物移动，严重影响记数的准确性……野牦牛和藏野驴没有类似于藏羚羊的长距离迁徙及聚集繁殖的习性……本研究中观察到的主要为雌性藏羚羊，如果保护区内有一定数量的雄性藏羚羊分布，本研究对藏羚羊总数的估计可能偏低……我们的调查线路很多是沿已有的道路或路径而布设的，野生动物可能由于之前受这些道路影响（如盗猎、放牧、交通等）而远离这些道路两旁，使得我们的估算结果偏低。

教师引导学生对资料五进行分析和讨论，促进学生认识到气候、迁徙、人类活动等因素通过影响藏羚羊的出生率和死亡率、迁入率和迁出率、性别比例来影响其种群密度。接着教师继续设疑：如果两个藏羚羊种群数量、生存环境、迁入率和迁出率以及性别比例都大体一致，也没有人为干扰，那么决定这两个种群数量变化主要的直接原因是什么？引导学生认识到出生率和死亡率是种群数量变化的直接决定因素。接着教师提出：那么决定出生率和死亡率的主要因素又是什么？进而引导学生进一步认识到，通过种群的年龄组成可以预测种群数量的变化。随后，引导学生结合种群年龄组成的三种类型（增长型、稳定型和衰退型），解释国家生育政策从“一孩”到“三孩”改变的原因。最后，教师引导学生思考种群中其他数量特征对种群密度的影响及种群特征之间相互的影响，并规定实线和虚线分别表示直接和间接影响、增加和减少分别用“+”和“—”表示，引导学生通过建构概念图进行总结归纳（图6.10）。

通过以上的学习，学生不但能够深刻地理解“种群密度能够直接反映种群数量是因为有严格的调查和数学分析作为基础”，更能够清晰地认识到“自然种群中，种群密度是受着多种因素共同影响且不断变动的”。

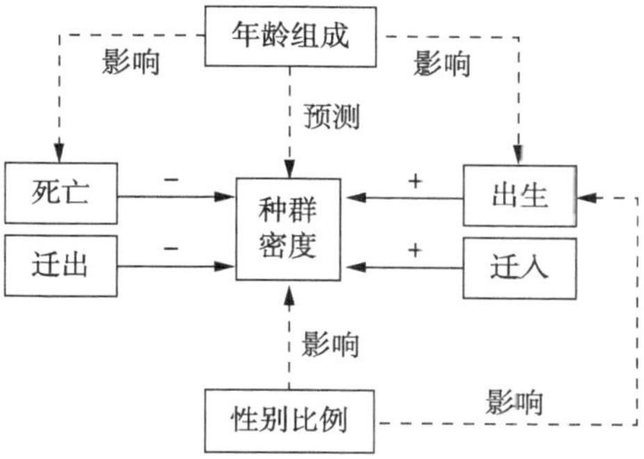

图 6.10　种群特征概念图

实例 3：基于“有益性失败（PF）学习设计”对高中生物学核心概念“生物的多样性和适应性是进化的结果”进行科学解释的实录。

（实例提供者：张超老师）

此实录部分素材来源于《新版课程标准解析与教学指导．高中生物学》（详见书后参考文献）

本文提示：“是先变异再选择造成的适应，还是先选择再变异造成的适应”这个问题经常成为学生学习进化的困惑点，从达尔文自然选择学说的角度，有证据证明“先变异再选择造成的适应”，但在学生学习之前，总会有不少人觉得“选择过程造成了变异进而造成了适应”。在学习以达尔文自然选择学说作为核心的现代生物进化理论时，教师可以将学生的这种认识转化为“有益性失败”，进而开展针对“现代生物进化理论”的有效教学，促进学生对核心概念“生物的多样性和适应性是进化的结果”进行科学解释。

教学过程实录（部分）：

1. 通过达尔文进化理论与拉马克进化理论的对比，教师引导学生思考“是先变异再选择造成的适应，还是先选择再变异造成的适应？”这一问题。

2. “是先变异再选择造成的适应，还是先选择再变异造成的适应？”这一问题会在学生中引起分歧和争论，总会有部分学生觉得“选择过程造成了变异进而造成了适应”是合理的。

3. 教师需有意识地抓住学生这个认识，将其转化为“有益性失败”，提示学生进一步思考“用怎样的方式能够证明或证伪‘是先变异再选择造成的适应，还是先选择再变异造成的适应’这一问题？”从而引出现代生物进化理论的学习。

4. 创设情境，导入新课。教师简介镰状细胞贫血在非洲某些地区的高发情况，提出问题：这些地区新生儿中镰状细胞贫血的发病率高达 9%，而且多年来发病率一直维持相对稳定，利用达尔文自然选择学说能合理解释这一现象吗？学生讨论后指出，自然选择学说认为选择作用的对象是个体，且不能说明遗传和变异的本质，因此无法解释这一现象。学生推测致病基因是通过杂合子在人群中传递的，但无法解释为什么发病率一直居高不下，从而产生对这一问题的研究兴趣。

5. 学习生物进化的实质。

（1）说明种群是生物进化的基本单位。

教师肯定学生对上述问题的猜测，并引导学生进一步思考，致病基因通过杂合子在人群中代际传递，其中“人群”的范围如何界定？学生说出基因是通过有性生殖在亲子代间传递的，因此“人群”指的应该是可能发生婚配的一个人类群体。教师举出更多实例，说明这样的群体在进化和生态学的研究中被称为种群，种群既是繁殖的基本单位，也是进化的基本单位，请学生从种群水平重新解释长颈鹿的进化历程。学生在教师的引导下对达尔文自然选择学说作出一定的修正，说明长颈鹿进化的原因是在自然选择的作用下，具有长颈基因的个体在种群中所占比例不断升高。

（2）分析典型实例，说明生物进化的实质是种群基因频率的改变。

教师在学生回答的基础上，进一步说明种群中不同性状个体所占比例的变化，反映的是不同基因在种群中所占比例的变化，并进一步解释基因库、基因频率和基因型频率的概念。学生在学习基因库等概念后，利用数学方法，根据教师提供的 19 世纪中叶和 20 世纪中叶曼彻斯特地区桦尺蛾种群的基因型频率计算出基因频率，理解生物进化的实质是种群基因频率的改变。

6. 用数学方法讨论种群基因频率在不同情况下的变化。

（1）分析没有选择作用发生时种群基因频率的变化。

教师介绍一个研究人员人工培养的大的果蝇种群，其中有 50% 的长翅个体（AA），50% 的残翅个体（aa），若食物供应充足，且雌雄果蝇选择交配对象时对翅型没有偏好，种群内是随机交配的，请学生计算该种群的基因型频率，子一代种群的基因频率和基因型频率，子二代种群的基因频率和基因型频率，预测该种群未来若干代的基因频率和基因型频率。学生进行推理和计算，判断出这个种群在随机交配一代后，基因型频率会变成 AA 型占 25%，Aa 型占 50%，aa 型占 25%，基因频率仍为 A 占 50%，a 占 50%，且之后代代保持不变。

（2）分析有选择作用发生时种群基因频率的变化。

教师继续介绍上述实验：研究人员在该果蝇种群的某一代羽化为成蝇之后，把成蝇的食物悬挂放置，残翅个体会因无法获得食物而死亡，请学生计算该种群在性成熟时种群的基因型频率和基因频率，其子一代种群在性成熟时的基因型频率和基因频率，并预测该种群未来若干代的基因频率和基因型频率的变化趋势。学生进行推理和计算，判断出这个种群在性成熟时，基因型频率为 AA 型占 33%，Aa 型占 67%，基因频率为 A 占 67%，a 占 33%，其子一代种群在性成熟时的基因型频率为 AA 型占 50%，Aa 型占 50%，基因频率为 A 占 75%，a 占 25%，且之后该种群中 a 基因频率将不断下降。教师展示研究人员的实验结果曲线图，肯定学生的推理结果。

（3）学习哈迪—温伯格定律。

教师提出新问题：除了自然选择之外，还有哪些因素可能导致种群基因频率或基因型频率的改变？学生在讨论后说出：突变、个体的迁移、某些个体因为选择因素之外的其他原因没能产生后代和非随机交配都会导致种群基因频率或基因型频率的改变。教师在学生回答的基础上简要介绍哈迪—温伯格的工作和研究成果，带领学生归纳总结实现遗传平衡的条件。

7. 归纳现代生物进化理论的核心内容。

教师提出问题：在会导致种群基因频率改变的相应性状的形成有关？请学生以英国曼彻斯特地区 5 个因素中，哪几个因素与种群适合桦尺蛾种群的基因频率的变化为例进行说明。根据 19 世纪中叶和 20 世纪中叶环境变化，学生说出自己的假设——由于突变，桦尺蛾种群中存在不同体色的个体，环境的变化使得自然选择的方向发生改变，黑色个体生存率高于浅色个体，使控制体色为黑色的基因的基因频率逐渐升高。教师提供科研工作者释放和重捕桦尺蛾的实验数据，证实学生的假设。教师展示克格伦岛的气候与岛上昆虫的资料，请学生分析，为什么该岛上昆虫几乎均为残翅和无翅的？经过讨论，学生说出在该岛经常发生风暴的环境中，无翅和残翅的突变属于有利突变，在自然选择的作用下基因频率升高。在教师的引导下，学生归纳概括得出，突变和基因重组是随机的、不定向的，提供了生物进化的原材料，变异的有害或有利取决于环境条件，自然选择决定生物进化的方向。

8. 利用现代生物进化理论解释和尝试解决生活中的相关问题。

教师请学生再次思考镰状细胞贫血在非洲某些地区的高发情况，尝试做出解释性的假说。学生说出，在这些地区，镰状细胞贫血基因很可能赋予杂合子一定的益处，使得显性纯合子的生存率或者繁殖率低于杂合子，导致了镰状细胞贫血基因的基因频率保持稳定。教师补充提供镰状细胞贫血基因与疟疾的关系，以及现代非洲裔美国人该病的发病率已经降到了 1/600 的证据，肯定学生的假说，请学生进行讨论，提出降低非洲地区镰状细胞贫血发病率的措施。学生讨论后，提出在该地区进行大规模的遗传咨询和基因诊断，控制疟疾的传播，积极治疗疟疾患者等措施。教师提出新情境下的问题：抗生素投入临床应用的初期，治疗效果非常好，随着抗生素在生产生活中的广泛使用，出现了各种各样的耐药菌，降低了治疗效果。请学生尝试解释这一现象，提出解决措施。教师可以通过“印章法”实验引导学生论证“先变异后选择造成适应，还是先选择后变异造成适应”并在此基础上让学生用现代生物进化理论对病原体产生耐药性做出解释，并提出医学治疗中慎用抗生素，使用抗生素时严格遵循医嘱，在畜牧业中控制使用抗生素的种类和用量，积极开发新型抗生素等多种解决措施。

通过以上的学习，学生不但能够从论证的角度深刻地理解“先变异后选择造成适应”的基本事实，更能够清晰地认识到“现代生物进化理论与达尔文进化理论的关系”。

附录：高中生物学核心概念梳理及教学实例分布说明

17 版课标中的核心概念梳理	科学解释实例分布说明
➢ 概念“细胞是生物体结构与生命活动的基本单位” 课标中具体一、二级概念包括： 一、细胞是生物体结构与生命活动的基本单位 1. 细胞有多种多样的分子组成，包括水、无机盐、糖类、脂质、蛋白质和核酸等，其中蛋白质和核酸是两类最重要的生物大分子； 2. 细胞各部分结构既分工又合作，共同执行细胞的各项生命活动； 3. 各种细胞具有相似的基本结构，但在形态与功能上有所差异	第三章：基于“深度学习理论”对高中生物学核心概念进行科学解释例析
➢ 概念“细胞的生存需要能量和营养物质，并通过分裂实现增殖” 课标中具体一、二级概念包括： 二、细胞的生存需要能量和营养物质，并通过分裂实现增殖 1. 物质通过被动运输、主动运输等方式进出细胞，以维持细胞的正常代谢活动； 2. 细胞的功能绝大多数基于化学反应，这些反应发生在细胞的特定区域； 3. 细胞会经历生长、增殖、分化、衰老和死亡等生命进程	第三章：基于“深度学习理论”对高中生物学核心概念进行科学解释例析 第四章：基于“问题式学习（PBL）理论”对高中生物学核心概念进行科学解释例析
➢ 概念“遗传信息控制生物性状，并代代相传” 课标中具体一、二级概念包括： 三、遗传信息控制生物性状，并代代相传 1. 亲代传递给子代的遗传信息主要编码在 DNA 分子上； 2. 有性生殖中基因的分离和重组导致双亲后代的基因组合有多种可能； 3. 由基因突变、染色体变异和基因重组引起的变异是可以遗传的	第四章：基于“问题式学习（PBL）理论”对高中生物学核心概念进行科学解释例析
➢ 概念“生物的多样性和适应性是进化的结果” 课标中具体一、二级概念包括： 四、生物的多样性和适应性是进化的结果 1. 地球上的现存物种丰富多样，它们来自共同祖先； 2. 适应是自然选择的结果	第六章：运用“有益性失败（PF）学习设计”对高中生物学核心概念进行科学解释例析
➢ 概念“生命个体的结构与功能相适应，各结构协调统一共同完成复杂的生命活动，并通过一定的调节机制保持稳态” 课标中具体一、二级概念包括： 五、生命个体的结构与功能相适应，各结构协调统一共同完成复杂的生命活动，并通过一定的调节机制保持稳态 1. 内环境为机体细胞提供适宜的生存环境，机体细胞通过内环境与外界环境进行物质交换； 2. 内环境的变化会引发机体的自动调节，以维持内环境的稳态； 3. 神经系统能够及时感知机体内、外环境的变化，并作出反应调控各器官、系统的活动，实现集体稳态； 4. 内分泌系统产生的多种类型的激素，通过体液传送而发挥调节作用，实现机体稳态； 5. 免疫系统能够抵御病原体的侵袭，识别并清除机体内衰老、死亡或异常的细胞，实现机体稳态； 6. 植物生命活动受到多种因素的调节，其中最重要的是植物激素的调节	第四章：基于“问题式学习（PBL）理论”对高中生物学核心概念进行科学解释例析 第五章：运用“基于论证的真实性思维（ATA）模型”对高中生物学核心概念进行科学解释例析 第六章：运用“有益性失败（PF）学习设计”对高中生物学核心概念进行科学解释例析

续表

17 版课标中的核心概念梳理	科学解释实例分布说明
➢ 概念“生态系统中的各种成分相互影响，共同实现系统的物质循环、能量流动和信息传递，生态系统通过自我调节保持相对稳定的状态” 课标中具体一、二级概念包括： 六、生态系统中的各种成分相互影响，共同实现系统的物质循环、能量流动和信息传递，生态系统通过自我调节保持相对稳定的状态 1. 不同种群的生物在长期适应环境和彼此相互适应的过程中形成动态的生物群落； 2. 生物群落与非生物的环境因素相互作用形成多样化的生态系统，完成物质循环、能量流动和信息传递； 3. 生态系统通过自我调节作用抵御和消除一定限度的外来干扰，保持或恢复自身结构和功能的相对稳定； 4. 人类活动对生态系统的动态平衡有着深远的影响，依据生态学原理保护环境是人类生存和可持续发展的必要条件	第六章：运用“有益性失败（PF）学习设计”对高中生物学核心概念进行科学解释例析
➢ 概念“发酵工程利用微生物的特定功能规模化生产对人类有用的产品” 课标中具体一、二级概念包括： 七、发酵工程利用微生物的特定功能规模化生产对人类有用的产品 1. 获得纯净的微生物培养物是发酵工程的基础； 2. 发酵工程为人类提供多样的生物产品	第五章：运用“基于论证的真实性思维（ATA）模型”对高中生物学核心概念进行科学解释例析
➢ 概念“细胞工程通过细胞水平上的操作，获得有用的生物体或其产品” 课标中具体一、二级概念包括： 八、细胞工程通过细胞水平上的操作，获得有用的生物体或其产品 1. 植物细胞工程包括组织培养和体细胞杂交等技术； 2. 动物细胞工程包括细胞培养、核移植、细胞融合和干细胞的应用等技术； 3. 对动物早期胚胎或配子进行显微操作和处理以获得目标个体	第五章：运用“基于论证的真实性思维（ATA）模型”对高中生物学核心概念进行科学解释例析
➢ 概念“基因工程赋予生物新的遗传特性” 课标中具体一、二级概念包括： 九、基因工程赋予生物新的遗传特性 1. 基因工程是一种重组 DNA 技术； 2. 蛋白质工程是基因工程的延伸	第五章：运用“基于论证的真实性思维（ATA）模型”对高中生物学核心概念进行科学解释例析 第六章：运用“有益性失败（PF）学习设计”对高中生物学核心概念进行科学解释例析
➢ 概念“生物技术在造福人类社会的同时也可能会带来安全与伦理问题” 课标中具体一、二级概念包括： 十、生物技术在造福人类社会的同时也可能会带来安全与伦理问题 1. 转基因产品的安全性引发社会的广泛关注； 2. 中国禁止生殖性克隆人； 3. 世界范围内应全面禁止生物武器	第五章：运用“基于论证的真实性思维（ATA）模型”对高中生物学核心概念进行科学解释例析

参考文献

[1] 高恩静 阿曼达.S. 卡雷恩 马努・卡普尔. 真实问题解决和21世纪学习 [M]. 杨向东 许瑜函 鲍孟颖译. 长沙：湖南教育出版社，2020

[2] R. 布鲁斯・威廉姆斯. 高阶思维培养有门道 [M]. 刘静译. 北京：教育科学出版社，2021

[3] 孙思. 理性之魂：当代科学哲学中心问题 [M]. 北京：人民出版社，2006

[4] 朱立祥. 新版课程标准解析与教学指导. 高中生物学 [M]. 北京：北京师范大学出版社，2021：108–110

[5] 乔纳森. 学会解决问题 [M]. 刘名卓等译. 上海：华东师范大学出版社，2015

[6] Eric Jensen 等. 深度学习的7种有力策略 [M]. 温暖译. 上海：华东师范大学出版社，2009

[7] 钱元元. "种群的数量特征"一节的教学设计 [J]. 生物学教学，2021，(46) 11：42–45

[8] 姚建欣 郭玉英 克努特・诺依曼. 科学解释能力培养模式的教育反思与哲学分析 [J]. 自然辩证法研究，2017，(33) 1：93–99

[9] 林祖荣工作室. 高中生物读本：全2册 [M]. 北京：北京时代华文书局，2019

[10] 林祖荣工作室. 高中生物学：选择性必修：全三册 [M]. 北京：北京时代华文书局，2021